Vom Kindersoldaten
zur humanitären Berufung

Das Abenteuer, Wunden in Sterne zu verwandeln

Der Autor Ishmeal Alfred Charles

Ishmeal Alfred Charles

Vom Kindersoldaten zur humanitären Berufung

Das Abenteuer, Wunden in Sterne zu verwandeln

Eine wahre Geschichte

Bibliografische Information der Deutschen Nationalbibliothek
Die Deutsche Nationalbibliothek verzeichnet diese Publikation
in der Deutschen Nationalbibliografie; detaillierte bibliografische
Daten sind im Internet über http://dnb.d-nb.de abrufbar.

Impressum:
ISBN-13: 9783756230013
© 2022–2023 Ishmeal Alfred Charles, alle Rechte vorbehalten.
Korrigierte Version 2023
Foto: © Infinity Studios
Zeichnungen: © Esther Mattar von New Salone Woman Design
Limited, https://www.facebook.com/NewSaloneWomanDesign
Übersetzung aus dem Englischen, Satz und Layout:
Daniela Brotsack, www.exlibris-d.de
Lektorat: Barbara Titze, www.verlag-buecherwurm.de
Herstellung und Verlag: BoD – Books on Demand, Norderstedt

Das Unpassende in den Hintergrund drängen:
Von einem Kindersoldaten zu einem humanitären Akteur –
die wahre Geschichte eines zielstrebigen Jungen,
der ein Mann des Einsatzes für andere wird.

Ishmeal Alfred Charles

KAPITEL I

Bescheidene Anfänge

Mein Name ist Ishmeal Alfred Charles. Ich wurde am 14. April 1983 in Sierra Leone geboren, während der Osterfeierlichkeiten rund um unseren Herrn Jesus Christus. Und zwar in Freetown, der Hauptstadt des kleinen westafrikanischen Landes, das einst das „Athen von Westafrika" genannt wurde. Freetown liegt im Westen des Landes. Meine Eltern waren Abu Alfred Charles und Aminata Yomie Tejan. Mein Vater stammte aus Torwama im Bo Bezirk im Süden des Landes und meine Mutter kam aus Freetown. Leider sind beide inzwischen verstorben.

Mein Vater war der zweite Sohn von katholischen Eltern. Das Schicksal wollte es, dass mein Vater ohne die Liebe seines Vaters aufwuchs, der einer Krankheit erlag und früh starb. Auch meine Großmutter starb nicht lange nach der Geburt meines Vaters Abu.

Abu blieb nichts anderes übrig, als mit seinem älteren Bruder Joseph und dessen Tochter Theresa zusammen zu leben, zuerst in Bo und später in Freetown. Mein Vater und seine Nichte waren ungefähr im gleichen Alter und beide waren leidenschaftlich interessiert an der Arbeit des jeweils anderen. Wie kann ich die beiden und ihre Sorge um den jeweils anderen am besten beschreiben? Sie waren wie Zwillinge, von Sonnenaufgang bis Sonnenuntergang ständig zusammen.

Ihre zärtliche gegenseitige Zuwendung und Sorge bestand über Jahre, bis sich mit der Pupertät nicht nur die Körper, sondern auch die Prioritäten der beiden änderten und mein Vater begann, mit anderen Jungs aus der Gegend Fußball zu spielen und seinen Einsatzradius zu vergrößern.

Innerhalb kürzester Zeit war mein Vater ein „leuchtender Stern" im Spiel. Er wechselte von einem Team zum nächsten und machte sich einen Namen als aufgehender Star mit vorzüglichen Dribbel-Fähigkeiten im Mittelfeld.

Im Alter von 18 Jahren wurde mein Vater ein Meister in der Kunst des Fußballs. Er wurde dafür gerühmt, über seine physischen Fähigkeiten hinaus zu spielen. Sein bester Freund auf dem Platz und auch privat war Ishmeal Kondeh. Man hörte sagen, wann immer die beiden Freunde in einem Team spielten, war der Sieg ihrer.

Immer, wenn mein Vater auf dem Spielfeld war, gehörte ihm die Aufmerksamkeit der meisten Zuschauer, sogar von denen, die Fußball nicht besonders mochten. Sie bewunderten ihn für seine Spieltechnik. Ishmeal Kondeh, meines Vaters bester Freund, galt ebenfalls als strahlender Diamant auf dem Spielfeld. Das Duo bereiste alle Ecken des Landes, sie spielten für größere Spielvereinigungen und Teams in den unteren Ligen.

Im Alter von 20 Jahren wurde der Erfolg meines Vaters im ganzen Land bekannt und gemeinsam mit seinem Freund hatte er die Chance, für eine renommierte Gemeindeliga in Freetown zu spielen, darunter auch die mächtigen Eastern Lions, bis zum heutigen Tag eine der besten Fußballmannschaften in Sierra Leone.

Mein Vater hatte in einem Jahr rund um die Weihnachtszeit die Möglichkeit, mit den Eastern Lions aus Freetown an einem Turnier im Kono District teilzunehmen, das einen Monat lang dauern sollte. Er und sein Freund waren begeistert von dieser Gelegenheit, denn sie wollten schon immer den Kono-Distrikt erkunden. Zum einen, weil es für meinen Vater das erste Mal war, dass er diese Gegend besuchen würde, zum anderen, weil in Kono eines der weltweit größten Diamantenvorkommen schlummern sollte. Ein Traum sollte möglicherweise für meinen Vater wahr werden. Man könnte meinen, dass Kono infrastrukturell gesehen beeindruckend sein musste, wenn man die riesigen Bergbauaktivitäten bedenkt. Aber das war nicht das, was mein Vater sah, sondern eher das komplette Gegenteil. Der Distrikt war einer der beklagenswertesten des Landes. Mein Vater hatte den großen Plan, vor allem die Distrikt-Hauptstadt Koidu (Koidu-Sefadu) zu erkunden und mit seinen schönen Dribbelkünsten bei dem Turnier anzugeben.

Wie es sich zeigte, schloss mein Vater bis zum Ende des Wettbewerbs zahlreiche Bekanntschaften. Eines, was ihm damals in Kono positiv auffiel und er nie vergaß, war die Gastfreundschaft der Einheimischen.

Mein Vater ist der Typ von Mensch, der daran glaubt, überall, wo er hinkommt, Freundschaften schließen zu können. Wie es das Schicksal wollte, war dies wirklich so. Er fand während des Turniers tatsächlich überall Freunde, traf aber auch immer wieder auf alte Bekannte aus den Teams, bei denen er schon gespielt hatte. Kono war wie ein Schmelztiegel. Beim großen Finale gewann das Team meines Vaters mit 4:2 gegen die „Diamond Stars of Kono" und Vater und sein Freund wurden als die besten Spieler dieses Tages bejubelt. Der Sieg des Teams wurde in allen Straßen von Kono gefeiert und bis heute erzählen die Leute dort von den exzellenten Dribbel-Fähigkeiten meines Vaters. Ich denke, die Geschichte wird sich an ihn erinnern als „den perfekten Jungen für die perfekte Zeit".

Nach einem solch atemberaubenden Erfolg auf dem Platz von Koidu City entschied sich das Team, eine weitere Woche in Kono zu bleiben. Der Trainer wusste noch nicht, dass seine „leuchtenden Sterne" niemals mit ihm in die Hauptstadt zurückkehren würden, denn das Duo (mein Vater und Ishmeal Kondeh) hatte die Absicht, seinen Aufenthalt in Kono zu verlängern.

Es wurde mir erzählt, dass der sehr lange Aufenthalt meines Vaters in Kono tatsächlich von seinem Kumpel angestoßen wurde. Jugendliche kamen aus allen Ecken Sierra Leones, um sich im Bezirk Kono niederzulassen. Der Diamantenabbau und andere Geschäfte boomten zu dieser Zeit. Investoren kamen aus anderen afrikanischen Ländern und sogar von weiter her, um die Mineralstandorte zu erkunden und zu nutzen. Die Diamantenvorkommen wurden später als eine der Hauptursachen für den tödlichen Rebellenkrieg angesehen, der im 21. Jahrhundert elf Jahre lang blutig geführt wurde.

Die Jugend drehte durch bei der Vorstellung, schnelles Geld zu bekommen. Es gab einen regen illegalen Bergbau, an dem sogar Kinder als Arbeiter beteiligt waren, und er war arbeitsintensiv. Das Glück klopfte tatsächlich an die Türen einiger Jugendlicher, sie wurden über Nacht durch solchen illegalen Bergbau reich.

Diese Tatsache war genug Motivation für die meisten Jugend-lichen. Auch mein Vater und sein Kumpel ergriffen die Gelegenheit. Der Trainer war enttäuscht, weil er seine Schlüsselspieler nicht überreden konnte, mit ihm zu kommen. Er reiste schweren Herzens nach Freetown ab.

Obwohl die beiden von der rasanten Wohlstands-erschließung um sie herum mitgerissen wurden, ließen mein Vater und Ismeal Kondeh den Fußball nie aus den Augen. Immer wieder bemühten sich lokale Trainer in der Gemeinde um ihr Fachwissen auf dem Spielfeld, und bald machten sie weitere Fortschritte, indem sie für die lokalen Mannschaften in der Gemeinde spielten. Sehr hilfreich war, dass Ismeal aus Kono stammte und dessen Eltern ein Haus in Yamardu hatten, einer

Gemeinde in Kono. Lebensmittel zu beschaffen, war zudem kein Problem. Man sagt, dass das Duo seinen verlängerten Aufenthalt in Kono als „Athene für ihren Odysseus" bezeichnete, was in unserer Sprache so viel wie „ungeheurer Glücksfall" bedeutet.

Verständlich, dass die beiden Freunde, während sie in Kono exzellenten Fußball spielten, einerseits davon träumten, im Ausland mit Stars wie Roger Mila aus Kamerun, Abedi Pele aus Ghana, Pele aus Brasilien und Maradona aus Argentinien sowie mit anderen guten Spielern dieser Generation zu spielen. Leider wurde dieser Traum nie verwirklicht. Denn da gab es ja noch den anderen Grund für ihr Bleiben: möglichst schnell Geld mit dem Bergbau verdienen zu wollen.

Meine Mutter, Aminata Yomie Tejan, wurde in Freetown geboren. Ihre Eltern stammten ursprünglich aus Yoruba, welches in der Landessprache „The Akus" oder „Fourah Bays/Frobay" genannt wird. Ihre Familienmitglieder waren natürliche Nachkommen der frühen Re-captives (Menschen, die gefangengenommen worden waren, entkommen konnten und von anderen Rebellen wiederum gefangengenommen wurden), welche während der Kolonialzeit von der britischen Marinepatrouille auf den Gewässern von Sierra Leone freigesetzt wurden und sich entschieden, sich als befreite Sklaven in Sierra Leone niederzulassen. Wir denken, dass die Yorubas aus dem westafrikanischen Land Nigeria stammten, weil das Wort „Yoruba" von einer bestimmten ethnischen Gruppe in Nigeria abgeleitet ist.

Während dieser Zeit ließen sich auch befreite Sklaven aus Neuschottland in Kanada in Freetown nieder. Religionsfreiheit war das Gebot der Stunde. Es gab nie eine Barriere zwischen den verschiedenen Riten der Re-captives. Die befreiten Sklaven von Neuschottland waren überwiegend Christen, die Akus oder Fourah Bays dagegen Moslems.

Aufgrund der schnellen und friedlichen Ansiedlung der Akus wurden sie von anderen Einwohnern meist als „muslimische Krio" bezeichnet. Die Krio gehörten zu den frühen Siedlern in Freetown und wiesen die typischen Merkmale eines „Westlers" auf, das heißt, Einstellung, Sprache und Kleidung hatten typisch englische Züge. Sie hatten aber auch ebenso traditionelle afrikanische Eigenheiten, waren Teil esoterischer Gruppen. Ein Krio-Kind konnte sowohl einen englischen Namen als auch einen typisch afrikanischen (Yoruba-)Namen tragen.

Seit den ersten Aufzeichnung bis heute siedelten die Fourah Bays vorwiegend im östlichen Teil von Freetown, nicht weit von den zentralen Geschäftsbereichen der Stadt entfernt und nahe dem drittgrößten natürlichen Hafen der Welt (Queen Elizabeth II. Quay), der nach dem Besuch Ihrer Majestät, Queen Elizabeth II. in Sierra Leone im Jahr 1961 so genannt wurde. Der 27. April 1961 markiert die Unabhängigkeit meines Landes von der britischen Kolonialherrschaft.

Die Geschichte verdeutlicht, dass die Fourah Bay Gemeinde nicht nur die Königin Elisabeth II. beherbergte, sondern auch die Heimat des allerersten westafrikanischen Colleges war. Das Fourah Bay College, das 1827 gegründet wurde, hatte in den Jahren danach einen großen Zustrom ausländischer Studenten, die eine Zulassung zum FBC, wie es allgemein genannt wird, suchten. Durch die herausragenden Leistungen des Colleges im akademischen Bereich erhielt Sierra Leone den Namen „Athen von Westafrika".

Bis heute sind die akademischen Erfolge des Fourah Bay College in den Köpfen zahlreicher Menschen aus der ganzen Welt verankert, vor allem aber bei denen aus den anderen westafrikanischen Ländern, die dort studiert haben.

Mein Großvater mütterlicherseits arbeitete in den späten 1940er Jahren als Vorarbeiter der staatlichen Eisenbahn in Sierra Leone und war unter den ersten Afrikanern, welche solch herausragende Positionen zu der Zeit inne hatten. Aufgrund seiner Reisetätigkeit von einem Distrikt zum anderen im Eisenbahndienst war er auch stark engagiert im Handel mit verschiedenen Getreidesorten. Wie die meisten Beamten arbeitete mein Großvater fleißig und war dadurch in der Lage, mehrere Häuser, die als „typisch afrikanische polygame Häuser" charakterisiert wurden, in Wellington zu bauen – das ist der östliche Bereich Freetowns. Großvater lebte in polygamen Beziehungen, aber meine Großmutter war seine Lieblingsfrau, was sie nicht durch äußere Schönheit, sondern durch Werte wie Gehorsam und Fleiß verdiente. Sie unterstützte meinen Großvater, wenn es ihm finanziell schlecht ging. Sie war dazu in der Lage, weil sie in ihren kleinen Geschäften, die sie betrieb, äußerst erfolgreich war. Wenn ich meine Großmutter mit Worten beschreiben müsste, wäre sie ein „Edelstein", der sehr entschlossen war, sicherzustellen, dass mein Großvater erfolgreich wurde.

Eines kann ich mit Stolz sagen: Meine Großmutter war die Architektin des erfolgreichen Lebens meines Großvaters. Wenn man in Afrika ein Haus sein Eigen nennt – egal ob aus billigem oder teurem Material – gilt man als eine erfolgreiche Person. Dies war der Fall bei meinen Großeltern. Sie bauten sogar mehrere Häuser in Wellington und in Baoya, einer Gemeinde im Distrikt Moyamba im Süden von Sierra Leone. Außerdem wickelten sie auch andere private Geschäfte ab. Die Nachwelt erinnert sich an meine Großmutter als eine hart arbeitende und tugendhafte Frau, welche meinem Großvater gegenüber trotz aller Widrigkeiten Gehorsam zeigte. Großvaters Arbeit als Eisenbahnarbeiter und Geschäftsmann brachte ihn zu den verschiedensten Orten von Sierra Leone. Aber eins war immer sicher: Er kehrte im heiligen Monat des Ramadan zuverlässig nach Freetown zurück zu seiner Familie. Ich kann mit Fug und Recht behaupten, dass sich in dieser Zeit niemand mit ihm anlegen durfte, auch nicht wegen einer Gehaltserhöhung. Er war immer sehr leidenschaftlich in Bezug auf die Gebete des Ramadan. Großvater half jedem, der Unterricht in arabischen oder islamischen Lehren erhalten wollte. Er war zwar kein perfekter Mensch, aber immer ein hingebungsvoller Muslim. Seine guten Dienste im Islamkurs sind in Erinnerung geblieben. Er war auch bekannt dafür, dass er Geschäftspartner, die für übermäßigen Profit selbst bei armen Menschen zweifelhafte Mittel einsetzten, offen kritisierte. Er hatte keine Zeit für Klatsch und Tratsch und war immer sehr besorgt um seine Integrität. Großvater sprach kaum öffentlich, und wenn, dann blieb er seinen Worten immer treu.

In seiner Familie zeigte mein Großvater sich stets liebevoll und fürsorglich. Sein Heim war immer voller Leben. Bis heute werden Geschichten über meinen Großvater erzählt, die ihn als höflichen Menschen zeigen. Vor allem, wenn Herren an seine Türe klopften, die um die Hand meiner Mutter Yomie warben.

Er war nicht wie die meisten traditionell denkenden Väter, die für ihre Töchter wählten und entschieden, wen sie zu heiraten hatten. Mein Großvater war die große Ausnahme. Er zeigte sich sehr ehrlich und gastfreundlich gegenüber potenziellen Freiern um die Hand seiner Tochter, war aber auch sehr streng und wies darauf hin, dass die Entscheidung, einen

Heiratskandidaten zu akzeptieren, nicht die seine sei, sondern alleine die der zukünftigen Frau. Dies war zumindest der Fall bei meiner Mutter, einer von fünf Töchtern. Denn Yomie war sein Augapfel.

Yomie kam in geschäftlichen Dingen nach ihrer Mutter. Sie hatte in jungen Jahren keine Zeit, über die Ehe zu sprechen, sie war „vertieft" in die Geschäfte. Sie handelte mit Kokosnüssen, Zucker, Salz und anderen Waren. Meine Mutter war immer so beschäftigt mit ihrem Geschäft, dass ihre Freier keine andere Wahl hatten, als wieder zu gehen.

Ich möchte ein lebendiges Bild meiner Mutter zeichnen. Sie wurde als Zwilling geboren, verlor aber wenige Tage nach der Geburt ihre zweite Hälfte. Mutter hat einen weichen, aber sehr festen Charakter. Schon in jugendlichem Alter hatte sie die Art einer älteren Frau. Daher wurde sie von Gleichaltrigen und anderen Menschen in Krio „Große Frau" genannt. Sie hatte eine rasche Auffassungsgabe und lernte sechs verschiedene ethnische Sprachen (Mende, Temne, Fullah, Mandigo, Soso and Bambara a Malian) aus Sierra Leone. Dies war möglich durch den Austausch mit verschiedenen Menschen ihrer Branche, obwohl sie keine fomale Ausbildung hatte.

Im zarten Alter von 13 Jahren interessierte sich Yomie immer mehr für das Erlernen von Geschäftsethik. Zu dem Zeitpunkt beherrschte sie bereits die Kunst, einen Kleinbetrieb zu führen. Sie war sehr überzeugend bei ihren Kunden und kommunizierte angemessen mit ihnen in der entsprechenden Geschäftssprache, immer gepaart mit lustigen Gesten, um mehr Kunden anzulocken. Sie erhielt etwas Schulbildung (weiterführende Schule der ersten Stufe), war aber überwiegend darauf konzentriert, die Geschäftswelt zu erkunden.

Die Geschäfte boomten in Freetown, bis das Schicksal eine neue Richtung vorgab. Yomies ältere Schwester

Nafi heiratete und zog mit ihrem Mann nach Kono. Wegen ihrer starken Bindung zur Familie bat Nafi darum, dass meine Mutter mit ihr nach Kono kommen solle. Meine Mutter liebte ihre Schwester innig, so dass sie ohne Bedenken diese Gelegenheit wahrnahm. Ihre Entscheidung, nach Kono zu gehen, markiert eine Reihe von Erfahrungen in ihrem jungen Erwachsenenleben.

Um diese Zeit lebte mein Vater immer noch in Kono und verfolgte seine Ambitionen im Bereich Fußball, während er die Bergbaugebiete auf der Suche nach dem Glück sondierte. Seine früheren Unternehmungen mündeten nicht im großen Erfolg, aber die Dinge änderten sich zum Besseren. Die Eltern seines Busenfreundes Ishmeal waren sehr gastfreundlich und nahmen meinen Vater als ihren Sohn und Bruder von Ishmeal auf.

Für die meisten Jugendlichen in Afrika hält Entertainment die Tränen fern und lässt sie leben. Als Jugendlicher liebte es mein Vater, Musik zu hören. Für ihn war Musik wie Essen für die Seele. Seine Lieblingsstile waren Reggae und Blues. Zu dieser Zeit war Reggae die mit Vorliebe gehörte Musik unter der Jugend. Vermutlich wegen der bestimmten Schwingungen dieser Musik. Wenn Bob Nesta Marley, Joseph Hills (Joe Hills), Alpha Blonde, Peter Tosh, Eric Donaldson, Jimmy Cliff, Lucky Dube, Tracy Chapman, Judy Butcher und Don Williams neben vielen anderen auf Fans zählen konnten, dann ganz sicher auf meinen Vater. Er war ein stiller und talentierter junger Mann, der Pantomime und Tanz zu den Raggae- und Blues-Melodien exzellent beherrschte. Mit Stolz kann ich behaupten, dass mein Großvater eine große Sammlung all dieser Dauerbrenner seiner Lieblingskünstler hatte. Je nach Gelegenheit und Publikum tanzte und performte Vater öffentlich zu den Reggae und Blues Melodien zur Freude von allen. Er war eine sehr fröhliche Person.

Im Gegensatz dazu war meine Mutter keine Partymaus, sie sah nie Vergnügen darin, auf Bälle oder Tanzveranstaltungen zu gehen. Sie liebte es mehr, Konzerte zu besuchen und begeisterte sich außerdem für Comedy. Da gab es eine spezielle Comedy-Gruppe, von der sie Fan war. „The Professionals" waren sehr bekannt zu der Zeit. Sie boten Dan Dogo, Baynkutay, Lord Bongo, altbekannte Komiker, die meine Mutter immer so stark zum Lachen brachten, dass ihr die Tränen über ihr schönes Gesicht liefen. Diese Gruppe war immer wieder in Seifenoper-Dramen im ganzen Land zu sehen.

Nach sechs Monaten in Kono hatte meine Mutter noch nicht viele neue Bekannte gefunden. M'bor war ihre beste Freundin. Die beiden machten sich gegenseitig die Haare, überwiegend an den Wochenenden, wobei sie sich gegenseitig besuchten. Dies zog sich über Monate und ihre Zuneigung wurde tiefer. M'bor lebte nur ein paar Blöcke entfernt von den Kondehs, in einem großen Gelände, in dem auch mein Vater lebte. Mir wurde erzählt, dass mein Vater üblicherweise herumschlich, um ein Auge auf meine Mutter zu werfen zu können, sobald sie kam, um die Haar ihrer Freundin zu glätten. Interessant ist, dass er nicht den Mut fand, meiner Mutter entgegenzutreten und ihr seine Gefühle zu zeigen.

Sie werden mit mir übereinstimmen, wenn ich sage, dass Liebe in der Luft lag. Man spürte sie einfach, egal, wohin man ging. An einem denkwürdigen Abend, als mein Vater nach einem Fußballspiel nach Hause gehen wollte, traf er meine Mutter. Inzwischen war er mutig genug, um sie anzusprechen. Diese einmalige Gelegenheit, seiner Angebeteten seine Liebe zu gestehen, ließ er nicht verstreichen. Yomie erlag dem Charme meines Vaters und ehe man es sich versah, waren die beiden ein Paar.

Ich habe mir die ganze Geschichte immer als ein „Märchen, das ein Happy End haben sollte" vorgestellt. Die beiden gingen eine Weile miteinander aus und heirateten dann. Fünf Jahre später bekamen sie ihr erstes Kind, meinen älteren Bruder Ibrahim. Kurze Zeit später wurde meine Schwester Memuna geboren, ich wiederum fünf Jahre nach ihr als letztes Kind dieser Verbindung.

Man könnte sagen, dass meine Geburt ein gutes Omen war. Denn nur ein paar Stunden nach diesem Ereignis an einem schicksalshaften Morgen knackte mein Vater den Jackpot. Nach vielen Jahren des Diamantenabbaus brachte ihm dieser glückliche Moment einen der feinsten Diamanten. Dies veränderte unseren Lebensstandard für eine ganze Weile. Zu erwähnen ist noch, dass meine Eltern zu diesem Zeitpunkt gerade kurz davor waren, sich scheiden zu lassen.

Wenn Sie mich fragen würden, was für mich als Kind immer eine Qual war, dann fällt mir als erstes ein, dass ich immer schon sehr ungern früh am Morgen aufgestanden bin. Es macht mich ärgerlich, vor allem, wenn ich keine Wahl habe. Die hatte ich damals nicht, als mich Mutter täglich zum Hahnenschrei weckte. Das ist zwar in Afrika üblich, aber trotzdem nicht mein Ding. Meine Mutter wusste definitiv, wie sie es machen musste. Sie setzte dabei immer ihren speziellen Charme ein, um mich aus dem Bett zu holen. Sie hatte unzählige Kosenamen für mich wie „Goldschatz", „Honigpferdchen", „Liebling" und viele andere, nur um mich dazu zu bringen, das Bett zu verlassen, die Zähne zu putzen und ein Bad zu nehmen.

Im Alter von drei Jahren etwa war ich ein zuverlässiger „Quengler", wenn meine Mutter sich anzog, um auszugehen – meist, um ihre Waren im Stadtzentrum zu kaufen. Ich fragte sie, ob ich denn mitkommen dürfte. Sie meinte, ich solle bleiben und auf sie warten. Also entgegnete ich, ich würde weinen, wenn sie mich hier ließe. Daraufhin legte sie mir eine extra Matte auf den Boden mit den Worten: „Du kannst hier sitzen, wenn du weinen möchtest", und ich saß tatsächlich darauf und weinte stundenlang, bis meine Mutter wieder kam. Als sie dann wieder zurückkehrte, fragte ich Mutter, ob ich nun aufhören könne zu weinen. Sie sagte: „Ja, bitte hör jetzt auf zu weinen". Und ich hörte tatsächlich auf. Das ist eine Sache, über die meine Tanten immer noch lachen.

Als ich sechs Jahre alt war, hatte ich die Kunst gemeistert, früh aufzustehen, und es war alles Spaß und ich tat alles, ohne verwöhnt zu werden. Erst in einem viel höheren Alter erfasste ich die Bedeutung der Weckrufe meiner Mutter. Mit Stolz behaupte ich, die beste Mutter der Welt gehabt zu haben. Jeder einzelne Rat, den sie mir gegeben hat, war wertvoll für den Überlebenskampf in der heutigen Welt.

Ein weiterer wichtiger Moment in meinem Leben war, als ich zu lesen und schreiben lernte. Die meisten Kinder beginnen mit der üblichen Basis wie ABC und 1, 2, 3 ... Ehrlich gesagt, klingt dies einfacher, als die Sache tatsächlich war. Meine Eltern mussten meinen älteren Bruder Ibrahim stets dazu zwingen, mir die Hand zu halten und mir so das Schreiben beizubringen. Ibrahim war ziemlich hart zu mir, als er mir in den Abendstunden das Schreiben richtig beibrachte. Was die Sache noch schwieriger machte, war, dass ich Linkshänder bin, Ibrahim jedoch Rechtshänder. Daher konnte ich während des Lernprozesses nicht vermeiden, Ohrfeigen oder Schläge auf Kopf und Hände einstecken zu müssen. Ibrahim zwang mich dazu, mit der rechten Hand zu schreiben. Dies fühlte sich für mich an, als würde ich vom Blitz getroffen.

Während meiner bescheidenen Anfänge durfte ich nie die Liebe eines Vaters genießen. Als ich elf Jahre alt war, passierte das, was leider in vielen Ehen passiert. Eine Scheidung klopfte an die Tür. In gegenseitigem Einvernehmen ließen sich meine Eltern scheiden und Mutter ging zurück nach Freetown – mit drei hungrigen Mäulern zu füttern. Für einen Jungen wie mich, für den die Liebe eines Vaters sehr wichtig war, war es eine große Last, völlig von ihm getrennt zu werden.

Nach der Scheidung erfuhr meine Mutter von einer erneuten Heirat meines Vaters und gleich darauf wurden seine Unterhaltszahlungen für uns Kinder eingestellt. Natürlich habe ich mich immer danach gesehnt, meinen Vater zu sehen, weil ich ihn gerne hatte. Doch es kam die Nachricht, dass Vater weit weg gegangen war. Dies machte mich sehr traurig und ich weinte oft. Um ihn in meiner Erinnerung halten zu können, hörte ich immer den Reggae-Song „Remember me" von Lucky Dube. Dass es gerade dieser Song war, liegt am emotionalen Text, der einen Vater beschreibt, der in die Ferne geht und seine Frau sowie die Kinder zurücklässt, die für sich selbst sorgen müssen.

Ironischerweise machte die Scheidung meine Mutter stark. Nie beklagte sie sich oder weinte über den Verlust meines Vaters. Sie erlaubte sich niemals, dass ihre Gefühle für meinen Vater sie verrückt machten. Sie wurde entschlossener denn je, sich um uns Kinder zu kümmern, wohl wissend, dass sie nun eine alleinerziehende Mutter war, die drei Mäuler zu füttern, uns zu kleiden und zu erziehen hatte. Ich kann mich immer noch an einen Tag erinnern, als ich in Tränen nach Hause kam, weil ich von meinen Mitschülern wegen eines Fußballspiels gemobbt wurde.

Meine Mutter würde das machen, was vermutlich die meisten afrikanischen Frauen getan hätten, ein Kleid anziehen und nach den Schuldigen suchen – so dachte ich. Aber das tat sie nicht. Stattdessen nahm sie mich in ihre Arme, wischte mir die Tränen weg, kitzelte meine Wangen und erzählte mir, dass ich mich nicht um die Kinder kümmern solle, weil ich besser sei als sie. Wie recht sie hatte, wurde mir erst viel später klar. Denn die meisten der Jungs, die mich damals schikanierten, kletterten nie die Erfolgsleiter hoch.

Trotz der schwierigen Zeiten blieb meine Mutter standhaft. Sie sorgte dafür, dass wir nie bei anderen Kindern oder Nachbarn bettelten. Ich vergleiche den Kampf meiner Mutter mit der Novelle von Buchi Emechata *„The Joys of Motherhood"*, welches eine ironische Darstellung des Lebens einer Frau und deren hartes Ringen um das Wohlergehen ihrer Kinder ist.

Als kleiner Junge jammerte ich manchmal über mein spindeldürres Äußeres. Meine Mutter lachte nur darüber und meinte, dass auch sie einmal so aussah. Mir fiel es zu dieser Zeit schwer, dies zu glauben. Ich dachte, sie würde alles nur beschönigen, um mich zu beruhigen. Inzwischen habe ich erfahren, dass ich dasjenige ihrer Kinder bin, das ihr am meisten ähnelt. Meine Familienmitglieder und andere Leute, die meine Mutter kannten, bestätigen, dass dies so ist, besonders wenn ich lächle.

Ohne die unverwüstliche Konstitution meiner Mutter wäre ich vermutlich heute nicht mehr hier, um meine Geschichte zu erzählen. Sie war eine Frau mit Substanz, die sich nie vor Herausforderungen drückte. Meine Mutter wird für mich immer der „Liebling meines Herzens" bleiben.

Kapitel 2

Die Flut steigt

Einer meiner Grundschullehrer pflegte zu sagen „Bildung ist der Schlüssel zum Erfolg". Egal, was man im Leben macht, beruflich oder privat, ist Bildung immer notwendig, um erfolgreich zu werden. Meine frühe Grundschulzeit war in der Tat eine recht interessante Zeit. Ich bin heilfroh über meine Schulbildung und deren Auswirkungen auf mein Wissen, mein Selbstvertrauen und die Wertschätzung gegenüber mir und anderen. Ich wüsste nicht, wo mein Leben hingesteuert hätte ohne grundlegende Bildung.

Meine Erinnerungen an meine Schultage sind allerdings gemischt – sowohl mit einem Glücksgefühl als auch mit Traurigkeit. In meiner kleinen „Bush and Town"-Vorschule in der Gemeinde Wusha, Town-Wellington (im Osten von Freetown) gab es eine Lehrerin namens „Tante Kaynama". Sie war wie eine Mutter, die den Grundstein für meine gesamte Bildung legte. In unserer Kindergartenzeit gab es nach meinem Gefühl ansonsten kaum eine Möglichkeit, sicher zu sagen, was gut oder böse ist. Tante Kaynama hat das Leben der meisten ihrer Schüler geprägt. Sie hatte diese spektakuläre Art, Geschichten aus der Bibel zu erzählen und unsere volle Aufmerksamkeit zu erringen, wodurch es im Klassenzimmer sehr still wurde. Sie hatte etwas von einem Schutzengel, der böse Gedanken aus unseren Herzen wegwischte. Sie hat aber auch sehr auf Disziplin geachtet und darauf, dass wir alle unsere Aufgaben sehr ernst nahmen.

Von ganzem Herzen kann ich behaupten, dass die moralischen Maßstäbe, die ich von Tante Kaynaman gelernt habe, auch heute noch die treibende Kraft für meine humanitäre Arbeit sind.

Meine erste Erfahrung damit machte ich während meiner Grundschulzeit an der Saint Edward's Primary School in Freetown. Dort war ich Teil einer Pfadfindergruppe und arbeitete auch (soweit als Kind möglich) freiwillig bei der Rotkreuzgesellschaft mit. Durch meinen Einsatz bei diesen humanitären Arbeiten begann ich, das Sozialwesen mehr und mehr zu schätzen. Ich hegte den Gedanken, meine Kraft und Energie in den Dienst der Menschlichkeit zu stellen, besonders für Menschen in Ausnahmesituationen wie Obdachlose, Waisen und Opfer von Kriegen oder Naturkatastrophen.

Schon früh war mir klar, dass die Qualität der Bildung der ausschlaggebende Punkt ist. Ich kann mich noch erinnern, wie mein Vater sagte – vor allem, wenn ich etwas von ihm brauchte: *„Nur wenn du auch gute Noten schreibst, werde ich dich glücklich machen."* Außerdem wollte er immer, dass ich auch für meine einfachsten Bedürfnisse einen Bittbrief an ihn formulierte. Auf diese Weise brachte er mich dazu, sehr hart zu arbeiten. Natürlich war jeder Brief eine Herausforderung für einen Neunjährigen, vor allem auch in Sachen Rechtschreibung und Grammatik, aber all diese Texte wurden von meinem Vater korrigiert und dadurch verbesserten sich meine Fähigkeiten im Verfassen von Texten.

Die Grundschulzeit war hart, aber glücklicherweise gab es Tante Kaynama, die schon früh die Saat für Widerstandsfähigkeit und harte Arbeit gesät hatte. Wie schon vorher erwähnt, markierte diese Zeit auch die Trennung meiner Eltern. Meine Mutter lebte mit uns Kindern in Freetown und mein Vater in Kono. Wegen der großen Entfernung besuchte ich meinen Vater nur in den Ferien am Ende des Schuljahres. Mein Vater liebte mich sehr und nach den Ferien fiel es mir sehr schwer, nach

Freetown zurückzukehren, um dort weiter zur Schule zu gehen. Deshalb holte ich mir die Genehmigung von der Vereinigten Methodistenkirche (United Methodist Church, UMC), sowohl die Grundschule in Koidu City als auch die Ahmadiyya Grundschule in Yormandu im Stammesfürstentum Sandor, beide im Kono-Distrikt, in den darauffolgenden Ferien zu besuchen.

Kurz gesagt hatte ich eine stabile Schulausbildung, als ich die 5. Klasse (in Sierra Leone beinhaltet die Grundschule 6 Jahrgangsstufen) erreichte, zu der ich in der Saint Edward's Primary School in Freetown wechselte. Zu dieser Zeit wohnte ich bei meinem Onkel väterlicherseits und dessen Frau. Erinnerungen an diese Zeit bringen mich beinahe jetzt noch zum Weinen.

Das Leben mit meinem Onkel war sehr hart. Ich musste die meisten der ungeliebten Jobs im Hause verrichten. Ich lernte auf die harte Art zu kochen, als ich kaum in der fünften Klasse war und bekam eine milde Gabe zu Mittag, wenn ich zur Schule ging.

Harding hieß ein sehr guter Freund von mir. Er kam üblicherweise mit einem feinen Päckchen mit köstlichen Speisen zur Schule. Für einen Teil seines Mittagessens gab ich ihm mein dafür vorgesehenes Geld, was 150 Le (der Wechselkurs des Leone ist in etwa 1.000 Le = 0,08 EUR) entsprach. Dieser Tausch war nur erfolgreich, weil Harding das lokale „Butter scotch" – ein Bonbon aus Butter und Milch – so gerne mochte und es deshalb kaufte. Heutzutage bekommt man für diesen geringen Betrag natürlich kaum mehr etwas angeboten. Aber mein Anteil an seinem mitgebrachten Essen gab mir die Kraft, mich auf die Schule zu konzentrieren. Dafür bin ich heute noch dankbar.

Ich kann mich noch daran erinnern, wie es war, das Examen der National Primary School (NPSE) zu machen, ein öffentliches Examen für den Übergang in die weiterführende Schule. Mr. Smith, der Lehrer der Saint Edward's Secondary School, wohnte im selben Haus wie mein Onkel. Wegen seiner Liebe für die Prügelstrafe, die er regelmäßig an seiner Nichte Marian und seinem Neffen Christopher demonstrierte, verzichtete ich auf die Saint Edward's Secondary. Zu der Zeit wurde vorausgesetzt, dass jeder Schüler, der die St. Edward's Primary School besuchte, zwingend zur St. Edward's Secondary School wechselte. Beide Schulen gehörten zur gleichen katholischen Mission. Aber Herrn Smiths Gesinnung tötete definitiv diesen Traum in mir ab.

Als uns die Formulare ausgehändigt wurden, die für die Schule unserer Wahl auszufüllen waren, zeigte ich meines niemandem. Ich füllte das Formular alleine aus, wobei ich die Prince of Wales Secondary School als meinen Wunsch angab. Es war nicht so, dass diese Schule akademisch gesehen besser gewesen wäre als die andere. Mir ging es nur um die Art von Herrn Smith. Ich saß also bei der NPSE im Jahr 1996 und erreichte eine Gesamtpunktzahl von 321. Das war eine hervorragende Punktzahl, mit der ich in jede Schule des Landes hätte gehen können. Mit meiner endgültigen Wahl, der Prince of Wales School, habe ich die beste Entscheidung meines Lebens getroffen.

Mein primärer Erfolg in meiner Bildung wäre ohne den Einfluss meiner Vorschullehrerin, Tante Kaynama sowie Josephine Cole und Herrn Samuel Charles, die mich beide in der Saint Edward's Primary School unterrichteten, nicht möglich gewesen. Letzterer war mein Klassenlehrer in der 6. Klasse. Er mochte mich wohl, weil wir den gleichen Nachnamen hatten, aber auch, weil ich gehorsam und ein guter Schüler war. Oft scherzte er, dass alle mit dem Familiennamen „Charles" sehr seriös wären und niemals Verlierer im Leben sein könnten. Manchmal lud er mich am Wochenende zum Nachhilfeunterricht zu sich nach Hause ein, vor allem in den Ferien.

Ich denke, jeder von uns kennt Momente aus der Schulzeit, die sich uns ins Gedächtnis gebrannt haben. Von all der Dichtung, die uns damals erzählt wurde, blieb bei mir eine hängen. Es handelt sich um die Geschichte über einen Frosch, die Mr. Charles erzählt hatte. Der Erzählung zufolge weigerte sich ein Frosch, gegen alle Widerstände aufzugeben, obwohl er von den anderen ausgebuht wurde. Am Ende gewann er das Rennen, bei dem er angetreten war. Ich habe mein eigenes Streben nach Erfolg immer mit der Geschichte vom beharrlichen Frosch in Verbindung gebracht.

KAPITEL 3

Die Aussichten verdüstern sich

Mein Heimatland Sierre Leone, welches an der Westküste von Afrika gelegen ist, ist die „Heimat der Freien und der Mutigen". Es ist ein Land mit einer reichen Geschichte von kultureller Diversität und hat Englisch als Amtssprache. Die kleine westafrikanische Nation leitet ihren Namen von dem portugiesischen Seefahrer Pedro da Cintra (Pedro de Sintra) ab, der 1462 während der Regenzeit in Sierra Leone landete und völlig verzückt war von der lauten, aber wunderschönen Szenerie mit Blitz und Donner. Er erlebte dies inmitten seiner Flotte, die an der Landspitze des Atlantischen Ozeans geankert hatte. Es wird erzählt, dass Da Cintras und seine Crew den Eindruck hatten, die Silhouette der Hügel in der Nähe von Freetown ähneltem einem sitzenden Löwen. Deshalb gaben die Seefahrer dem Steinmassiv den Namen „Sierra Leone", was auf portugiesisch „Löwenberg" heißt. Obwohl Löwen selten sind in Sierra Leone, hörten die Portugiesen den Donner über mehreren Bergen und meinten, es klänge wie das Brüllen eines Löwen.

Ich bin der Meinung, Sierra Leone ist der beste Platz für mich. Der Entwurf für die moderne Bildung in den westafrikanischen Sub-Regionen begann in Sierra Leone. Mein Land wurde von anderen Nationen neidisch beäugt, denn hier wurden während und nach der Kolonialzeit akademische Abenteuer erlebt. Wenn ich zu Besuchern meines Heimatlandes über die Einheimischen spreche, zaubert dies immer ein Lächeln in deren Gesicht. Sierra Leone oder „Sweet Mama Salone", wie es im Volksmund genannt wird, ist sowohl reich an Mineralien als auch an kultureller Vielfalt. Religiöse Toleranz ist das Gebot der Stunde. Das zeigt sich sowohl bei den kommunalen Aufgaben als auch bei den zahlreichen interreligiösen Ehen zwischen Christen und Muslimen. Trotzdem gibt es auch die Erinnerungen an einen brutalen Krieg, der elf Jahre andauerte. Die daraus resultierenden Narben sind immer noch in den Straßen des Landes sichtbar. Bei meiner Geburt lag der grausame Krieg noch in ferner Zukunft. Das Leben zu der Zeit war hart, aber nicht vergleichbar mit den grauenhaften Kämpfen. Vor dem Krieg lebte meine Familie in ihrer eigenen kleinen Welt. Trotz der Scheidung unserer Eltern konnten wir Kinder uns immer sicher fühlen, auch mitten in der Revolution, deren Windhauch den Beginn eines der tödlichsten Kriege Afrikas ankündigte. Wie es das Wesen aller Kriege ist, wurden tausende von Menschen getötet, vertrieben oder verstümmelt. Frauen und Mädchen wurden vergewaltigt und Regierungseinrichtungen und andere Gebäude niedergebrannt. Außerdem wurden Kinder von den Rebellen zwangsrekrutiert.

Während des elfjährigen Bürgerkriegs zeigten sich diese ganzen menschlichen Grausamkeiten unter dem Deckmantel des Regimewechsels. Die Revolutionary United Front (RUF), die Armee der Unzufriedenen unter der Führung von Foday Saybana Sankoh, wollte die regierende All Peoples' Congress (APC-Regierung) von Präsident Joseph Saidu Momoh stürzen. Viele Einwohner von Sierra Leone stimmten anfangs mit der RUF darin überein, dass die APC-Regierung korrupt war. Amtsvergaben waren diskriminierend, die Opposition schwieg und es gab weitere Widrigkeiten, die wahrscheinlich vom vorherigen Staatschef Siaka Probyn Steven eingeleitet worden waren. Vor diesem Hintergrund wurde die RUF ins Leben gerufen, zunächst mit der Ideologie, sich für einen gerechten Kurs zur Beseitigung der APC-Regierung einzusetzen. Ich für meinen Teil hätte niemals gedacht, dass der Krieg auch in unsere kleine Familie einziehen würde. Aber ich lag völlig falsch!

Boom! Am 23. März 1991 brach der Krieg in Bomaru, im östlichen Distrikt Kailahun, aus und die RUF eroberte und gewann einige Gebiete. Der Krieg, der anfangs auf einem guten Kurs war, wandte sich gegen die Bürger, die von der Grundidee her eigentlich geschützt werden sollten.

Ich war acht Jahre alt, als die Revolutionary United Front-Rebellen begannen, Dörfer anzugreifen und zu übernehmen. Die Hauptstadt Freetown war sehr weit entfernt von dort, wo diese Angriffe stattfanden und niemand konnte sich vorstellen, dass sie jemals die Stadt erreichen könnten. Freetown war der Dreh- und Angelpunkt, in dem Menschen aller erdenklichen ethnischen, kulturellen, religiösen und wirtschaftlichen Hintergründe lebten. Den Bewohnern war nicht bewusst, dass die Hauptstadt das Flaggschiff des Krieges war.

Gewehrschüsse wurden die Musik des Tages in den ländlichen Gegenden. Freetown war der Schmelztiegel für alle Schattierungen von Meinungen und keine ethnische Gruppe dominierte die anderen. Die Stadt war vor dem Aufstand ein ruhiger Ort zum Leben mit einer Bevölkerung zwischen drei und vier Millionen Menschen.

Alles begann 1992, als meine Mutter mich in den Ferien zu meinem Vater nach Kono schickte, wo dieser in den Diamantenminen arbeitete. In die Ferien zu fahren war für uns Kinder in Sierra Leone immer ein besonderer Glücksmoment, vor allem nach einem harten Schuljahr. An diesem schicksalshaften Tag packte meine

Mutter meine Tasche mit Kleidung und Schulbüchern und brachte mich zur Busstation. Dort übergab sie mich dem entsprechenden Busfahrer und küsste mich zum Abschied. Dies war der Beginn eines großen Abenteuers für einen minderjährigen Jungen, das mich hinter die am schlimmsten betroffene feindliche Linie brachte. Natürlich hatte ich in meinem Alter keinen Schimmer davon, was mich dort erwarten würde. Meine süßen Träume von wundervollen Ferien zerbrachen nur ein paar Tage nach meiner Ankunft in Kono. An einem kühlen und stürmischen Morgen überfiel ein Regiment der RUF-Rebellen das diamantenreiche Gebiet von Kono. Die Inbesitznahme dieses strategischen und mit Diamanten sowie anderen Mineralien gesegneten Ortes war für die Rebellen der Treibstoff für ihren Ehrgeiz. Sie verwandelten diese bewohnbare und wohlhabende diamantenreiche Region über Nacht in ein umkämpftes Feld voller Hass, Ruinen und Verzweiflung.

Jeder war komplett überrascht, als Gewehrschüsse und Raketengranaten um uns herum einschlugen. Die Luft war erfüllt von Rauch und Staub, als Geschosse das karmesinrote Spektrum des Abendhimmels trübten. Es wirkte alles wie ein schlechter Traum, aber ich wusste, es war allzu wahr. Ich blickte nach links und rechts, um irgendein Zeichen meiner Freunde zu sehen, mit denen ich socks ball (ein aus altem Plastik, Gummi und Socken gefertigter Ball) gespielt hatte, jedoch entdeckte ich niemanden.

Die Atmosphäre war gewalttätig und sehr chaotisch. Überall rannten Menschen durcheinander, begleitet von den unablässigen Schreien von verängstigten Kindern und Kleinkindern, untermauert vom Rhythmus der tödlichen Rebellen-AK-47 (Kalaschnikow Sturmgewehr), welche diese überwiegend bei ihren Attacken verwendeten. Zu meiner Überraschung konnte ich seitlich von mir ein paar vage Formen menschlicher Gestalten erkennen, als dichter Staub aufkam und alles wie einen Alptraum in der sinkenden Sonne erscheinen ließ. Ich konnte das Geflüster entsetzter Erwachsener und Kinder hören, gemischt mit lauten Befehlen, still zu sein!

Während wir übereinanderfielen oder uns gegenseitig rempelten, verschwand plötzlich der Dunst, als hätte jemand einen magischen Zauberstab geschwungen. Wir waren draußen gefangen – ohne Schutz in Sicht. Die komplette Stadt war überrumpelt worden. Jeder starrte auf die anderen in völliger Fassungslosigkeit. Mitten in dieser misslichen Lage wurde ein Schuss abgefeuert und jemand blies auf einer Pfeife und rief: „Vorwärts!" Wie eine Horde aufgescheuchter Hühner liefen wir alle in höchstem Tempo los und keiner kümmerte sich mehr um die anderen. Auch Eltern rannten und ließen ihre Kinder zurück. Es war ein schrecklicher Anblick.

Mit dieser grausamen Angriffstaktik eroberten die Rebellen die Stadt Koidu und alle zugehörigen Bergbaugebiete im Distrikt Kono. Die Schnelligkeit der Angriffe der Rebellen in Kono überrumpelte die Regierungstruppen und es gab für die Soldaten keine Möglichkeit, eine funktionierende Verteidigung gegen die rücksichtslose RUF aufzubauen. Die meisten Nachbarn flüchteten aus ihren Häusern in den Busch oder andere Dörfer.

Aufgrund der Intensität des Krieges bat uns mein Vater darum, das Stadtgebiet zu verlassen, denn er befürchtete, dass die Rebellen mich mit sich nehmen würden, wenn sie uns fänden. Meine Stiefmutter packte nach den Anweisungen meines Vater ein paar Bündel Kleider, einiges an Lebensmitteln, von denen ich einige auf meinem Kopf transportieren musste und wir machten uns auf den Weg durch die Büsche, übersät mit Dornen, scharfen Objekten und kriechenden Tieren. Meine Stiefoma und mein jüngerer Stiefbruder machten sich gemeinsam mit unseren direkten Nachbarn auf den Weg, um irgendwo Zuflucht zu finden.

Als wir unsere gefährlichen Weg begannen, sahen wir Leichen von Männern, Frauen und Kindern aus unserer bisherigen Nachbarschaft an Ecken, Wegen und Straßen, während wir uns auf die Suche nach einer Zufluchtsstätte machten.

Ich kann mich noch daran erinnern, wie meine Stiefmutter mir ihre Hand vor Augen hielt, um mir den Anblick der grässlichen Szenen zu ersparen, denen wir an diesem Tag begegneten. Überall auf unserem Weg lagen Leichen und das Schlimmste war, dass sich die Geier darauf stürzten. Erinnerungen an diesen Tag quälen immer noch meinen Geist.

Papa achtete sehr darauf, dass ich auf unserem Weg nicht zurück blieb. Denn, wo immer die Rebellen Gebiete eroberten, nahmen sie Kinder mit, die für ihre Bataillone zwangsverpflichtet wurden. Diesen Kindern wurde gelehrt, in der Kriegsführung gnadenlos und noch tödlicher als die Älteren zu werden. Um das zu erreichen, erhielten die Kinder harte Drogen wie Kokain oder Heroin, gemischt mit Marihuana und hochprozentigem Rum, um alles „herunterzuspülen", wie sie es nannten.

Junge Männer, die erwischt wurden, wurden gezwungen, auf den Feldern zu arbeiten, auf denen Diamanten geborgen wurden, welche wiederum im Austausch für Waffen und andere Dinge verwendet wurden. Die Brutalität der Rebellen und die Massaker waren dazu da, alle in Angst und Schrecken zu versetzen, und früher als erwartet wurde das Stadtgebiet eine Geisterstadt.

Als wir Koidu City verließen auf unserem gefährlichen Weg zu einer Art „Märchenziel", waren wir auf hügeligem Gelände, an Bächen und auf windigen Pfaden unterwegs, bis wir zwei recht alte Damen trafen, die uns später informierten, dass wir auf dem Weg nach Yormandu waren. Wir gingen acht Stunden und nutzten unseren ersten Halt, um in einem verlassenen Bauernhaus etwas zu essen. Wir packten unsere Bündel wieder und ließen dabei ein paar Gegenstände zurück, die wir als Belastung empfanden. Wieder gingen wir für die nächsten fünf Stunden und machten noch einmal Halt, um nach weiteren befahrbaren Wegen zu suchen. Auf unserem Streben nach einem sicheren Hafen kamen wir an vielen verlassenen Dörfern vorbei.

Die einen meinten, die Dorfeinwohner hätten sich in ihren verschiedenen Farmen versteckt und andere vertraten die Meinung, sie hätten ihre Häuser verlassen aus Angst vor möglichen Angriffen. In den meisten Fällen wurden wir von Hunden begrüßt, die ein unheimliches Knurren hören ließen.

Auf unserem Weg befragten wir einige Dörfler, wie weit es noch nach Yormandu sei und sie sagten, es wären etwa drei Kilometer dorthin. Ich hoffte sehr, sie lägen richtig. Wir kamen an einem grasigen Pfad vorbei und es wurde schon langsam dunkel. Wir waren sicher nicht weit von Yormandu entfernt, aber unsere müden Körper erzählten uns eine ganz andere Geschichte.

Diese nebligen, rauen und hügeligen Pfade in der Umgebung Yormandus sind für immer in meinem Gedächtnis eingebrannt. Irgendwo in diesem unruhigen Land würde unsere unfreiwillige Reise enden. Wir erreichten Yormandu nach dreiundzwanzig Uhr und wir hatten nur einen einzigen Wunsch – zu schlafen.

Müde und völlig ausgelaugt schliefen wir auf der Rückseite eines verlassenen Hauses ein. Was für eine Nacht! Der kalte Wind zog durch alle Ritzen hinein; unsere Nasen erwischten genug Frischluft. Der Schlaf war uns sicher und wir dösten in der Kälte trotz unserer schmerzenden, dreckigen Füße und geschundenen Gelenke ein. Die mentale Tortur war allerdings noch viel schlimmer. Wie auch immer, wir wurden geplagt von den Dingen, die wir gesehen hatten und der Angst vor dem, was noch kommen würde.

Zwei Tage nach unserer Ankunft in Yormandu attackierten die Rebellen ein Dorf namens Seidu, welches recht nah war. Wir liefen also erneut um unser Leben. Endgültig schafften wir es nach Kayima, der Hauptverwaltungsstadt im Stammesfürstentum Sandor im Kono Distrikt. Diese Stadt war der Zufluchtsort für tausende von inländischen Vertriebenen (Internally Displaced Persons = IDPs), welche vor der forcierten Invasion am Beginn des Krieges geflohen waren und zu einer Masse von hungrigen, dreckigen Obdachlosen geworden waren, die in Angst und völliger Hoffnungslosigkeit lebte.

Hier in Yormandu trennten sich unsere Wege. Mein Vater beschloss zurückzubleiben, um über das Haus und unsere sonstigen Besitztümer zu wachen.

In Kayima angekommen, warfen wir unsere Bündel und Rucksäcke von uns und als Familie konnten wir uns vergleichen mit einem schwachen und ausgelaugten Athleten, der die Ziellinie nach einem langen und kraftraubenden Marathon erreicht und am Ende vor Erleichterung aufatmet. Aber nur für einstweilen!

Früher, als wir Halt machten, fielen uns die dünnen, hungrigen und verlassenen Kinder des Krieges auf, die sich um die Strohdächer der Häuser zusammengeschart hatten. Wir teilten mit ihnen, was immer wir aus unserem Vorrat entbehren konnten. Die Kinder waren Waisen, die von einem Tag auf den anderen in behelfsmäßigen Unterständen oder Höhlen lebten. Die älteren von ihren kümmerten sich um ihre jüngeren Brüder und Schwestern. Es war während der Trockenzeit; Hitze und Feuchtigkeit ließ viele gleichgültig werden gegenüber dem Wohlergehen und der Zukunft dieser Kinder. Es war sehr schmerzhaft, auch nur darüber nachzudenken.

Ich kann mich noch erinnern, wie wir uns Bauernhäusern näherten und die physischen Schäden sahen, die der Krieg verursacht hatte – zerstörte Motorräder und Autos entlang der Bahngleise, verlassene Dörfer und zerstörte Holzbrücken, die ins Wasser hingen. Wir begannen zu erkennen, dass unser Schicksal direkt vor uns stand. Wir entdeckten Dörfer im Unterholz und lernten ihre Namen in Erwartung von Fragen, die uns unter Umständen Regierungstrupps, die wir treffen könnten, stellen würden, oder mehr noch, im Falle einer unangenehmen Begegnung mit jemandem in Militärkleidung, sei es nun Soldat oder Rebell! Wir sprachen die Dorfnamen falsch aus, aber sie werden in unseren Köpfen immer mit dem Bürgerkrieg verbunden sein.

Ich hatte einen Zusammenbruch, als wir einen flachen Wasserlauf überquerten. Unsere Gruppe von mehr als einem Dutzend Leuten nutzte diese Zeit, um für unsere ausgetrockneten Kehlen Wasser zu schöpfen, wobei Blätter verwendet wurden, aus denen Gefäße geformt wurden. Wir waren hungrig, aber zu furchtsam, um nach Lebensmitteln zu suchen, ernährten uns überwiegend von Maniok-Knollen oder Süßkartoffeln von alten oder verlassenen Farmen. Einer der jungen Männer, die mit uns reisten, kannte das Terrain gut und stellte sicher, dass wir ausreichend Ortskenntnis erhielten sowie Informationen über mögliche andere Routen, die uns gegebenenfalls direkt in die gefährliche Höhle des Löwen, sprich in Camps der Rebellen, führen könnten.

Wir waren etwa 16 Leute, denen die Flucht von Koidu nach Yormandu und nun nach Kayima im Kono Distrikt gelungen war. Kaum einen Tag nach unserer Ankunft bemerkten wir eine Menge Menschen aus verschiedensten Dörfern. Manche waren entstellt und einige erzählten fürchterliche Geschichten. Wir wurden informiert, dass wir Kayima nicht als sicher betrachten durften. Es hieß, die Rebellen hätten geschworen, die Stadt in Staub und Asche zu verwandeln, sobald sie diese eroberten. Vor unserer Ankunft hatten einige Jugendliche sich zu Wachgruppen formiert, um ihre Stadt zu schützen. Während einer ihrer Raubzüge in den Busch trafen sie auf einen jungen Mann, von dem sie glaubten, er wäre ein Rebellen-Spion. Über seine Arrestierung wurde lang und breit gesprochen, nachdem die Jugendlichen ihn den in Kayima stationierten Soldaten übergeben hatten. Es ging das Gerücht um, dass dieser vermutete Spion innerhalb von wenigen Stunden nach einer angeblichen Befragung erschossen wurde.

Dieser Vorfall kam den Rebellen zu Ohren und sie schworen Kayima Vergeltung. Um alles noch schlimmer zu machen, wurde Komba Mondeh, ein schneidiger Militäroffizier, von den Städtern bejubelt.

Als die Wahrscheinlichkeit einer Attacke der Rebellen in Kayima unübersehbar wurde, entschieden wir uns, uns in Waldfarmen zurückzuziehen, welche sich überwiegend im dichten Busch befanden. Wir gingen etwas über zwei Stunden und unsere Körper wollten gefüttert werden, zumindest so viel, um auf diesem anstrengenden Weg über Stock und Stein zu überleben. Wir waren dehydriert durch die unerbittlichen Strahlen der Sonne und sehr hungrig. Also beschlossen wir, eine längere Pause zu machen und etwas zu essen. Unser Menü fiel recht armselig aus, da die meisten unserer Mitreisenden entweder wenig oder gar nichts zu essen dabei hatten. Teile unseres Gepäcks bestanden aus Salz, Zündholzschachteln, ein paar Gefäßen mit Palmöl und Würfeln mit Maggi-Würze. Der Wald, unser neues Heim, war grausam. Als wir auf dem feuchten Boden schliefen, nahmen sich Insekten die Freiheit, in unsere Ohren und Nasen zu krabbeln. Es machte uns schier wahnsinnig.

Wir sammelten ein paar Holzstücke und machten ein Feuer, um das zu kochen, was wir um uns fanden. Dies war unser Verderben. Denn die Rebellen waren clever genug, uns anhand des aus dem Gebüsch kommenden Rauches zu lokalisieren. Der Rauch führte sie zu unserem Aufenthaltsplatz. In weniger als einer halben Stunde nach dem Entzünden des Feuers hörten wir Blätter rascheln und wir wurden hellhörig. Der junge Mann, der uns den Weg gewiesen hatte, stand plötzlich sehr blass vor uns und erklärte uns leise, was unser Versteck letztlich verraten hatte. Bevor wir reagieren konnten, hörten wir Schritte auf uns zukommen.

In dem Moment, in dem wir uns bückten, um zu horchen, waren wir umringt von „Halt!"-Rufen und zwei Schüssen in die Luft. Die Rebellen hatten uns gefunden. Dies waren die Vorboten einer neuen Ära und der Tod wurde gegenwärtig. Wir waren entsetzt, als die Rebellen auftauchten und riefen: „Ihr rennt vor uns davon? Nun, als unsere Gefangenen, habt ihr uns zu erzählen, warum ihr vor uns flüchtet!" Wir versuchten, ihren Ärger zu besänftigen, indem wir sagten, wir würden nur für uns kämpfen und nicht vor ihnen flüchten. Alle sechzehn wurden wir gemeinsam mit den Jugendlichen und älteren Frauen zum Ort Kayima gebracht.

Frauen aller Altersklassen wurden vergewaltigt, missbraucht und sexuell belästigt. Viele der jungen Mädchen hatten vorher noch versucht, sich so herzurichten, dass sie für die Rebellen nicht attraktiv wären.

So klug und sorgfältig ihre Ideen auch waren, sie halfen nicht gegen die Vorstöße der Rebellen, denn diese gefielen sich in der Rolle der Vergewaltiger und trieben ihr grausames Spiel fort, bis die Frauen einwilligten, ihre „Busch-Frauen" zu werden.

Es war üblich für eine schöne Frau, offen ihre Bewunderung für einen der obersten Rebellen zu erklären, um dem ständigen Missbrauch durch andere Rebellen zu entgehen. Durch dieses Verhalten schützten die Frauen sich selbst vor konstanten Bedrohungen und Belästigungen durch weitere Rebellen. Nur so würde ihnen Respekt engegengebracht werden und sie meist als „the mammy" bezeichnet werden, gleichbedeutend mit „die Frau des Bosses im Camp".

Wenn sie betrunken waren oder high durch Drogenmissbrauch, wechselten sich die Rebellen ab mit brutalem Sex mit den weiblichen Opfern und manchmal wurden Familienmitglieder oder Männer dieser Frauen dazu gezwungen, bei ihrem grausamen Tun zuzusehen. Männer, die muskelbepackt und fit genug waren, Waffen zu tragen, wurden unter Drogen gesetzt (ob sie nun wollten oder nicht) und einer Gehirnwäsche unterzogen, die sie glauben machte, dass ihr Kurs der richtige war. Sie mussten die Ausrüstungsgegenstände der Rebellen tragen.

In einem Land mit hohem Analphabetentum stürzte man sich auf hochgekochte Revolutionsideen und die unantastbare Notwendigkeit einer landesweiten Emanzipation von gierigen und korrupten Politikern, wie feierlich verkündet wurde. Folter sah man als Option für solche, die sich wehrten, bevor sie mit einer Kugel im Kopf endeten.

Unsere Gefangennahme und anschließende Entführung wurde zu einem „Event von Furore" und zu Erfahrungen, die mein Leben verändern sollten – mehr als ich es mir vorstellen konnte. Meine schlanke und zarte Erscheinung verbot die Möglichkeit, mich die üblichen Waffe tragen zu lassen, das AK-47 Sturmgewehr. Trotzdem wurde ich als erstklassiger Kandidat für die Rebellen angesehen, ein Kindersoldat und Lastenträger zu werden. Wir wurden mit Hilfe eines Polizeigriffs in ein Lager gebracht, das tief im Wald lag – sozusagen im Dschungel. Wir wurden in drei Gruppen aufgeteilt. Jede geführt von einem anderen Kommandanten. Ich war zum ersten Mal in meinem Leben so weit von zu Hause entfernt.

Meine Stiefmutter war gemeinsam mit ihrem Sohn und ihrer kranken Mutter in einer anderen Gruppe. Wir gingen, mit den Händen über unseren Köpfen, durch den Wald, über rostbraunes Laub, welches den Anschein erweckte, dass der Pfad vorher unbetreten war. Es war eine lange Schlange mit jungen Burschen vorne, Frauen und Mädchen in der Mitte und ältere und jüngere Erwachsene am Ende. Jede Gruppe bestand zumindest aus fünfzehn Rebellen, alle bewaffnet und einen Halbkreis um die Gefangenen bildend.

Wir machten kein Geräusch während unseres Marsches, wobei jede und jeder von uns still für sich betete, dass ihr oder sein Leben verschont bleibe. Wir waren etwa eine halbe Stunde unterwegs, bevor uns befohlen wurde, stehen zu bleiben. An diesem Punkt wurden die drei Gruppen aufgeteilt und gingen von nun an in verschiedene Richtungen. Die führenden Kommandeure machten Faustschläge und Zeichen, vermutlich, um anzuzeigen, dass sie sich später an einem bestimmten Ort treffen würden. Unserer Gruppe ging noch etwa zwanzig Minuten weiter, bis zu einer Stelle hinter einem zerklüfteten Grat. Wir stiegen einen schmalen Weg bergab, der bedeckt war mit Blättern und Sträuchern. Ein schauerliches Gefühl erfasste mich und der widerliche Geruch von Verwesung toter Körper bestätigte meine Vorahnung. Ich wappnete mich gegen das, was auch immer uns in unserer neuen Bleibe erwarten würde. In der Tat, wir waren fit und wachsam.

Die Szenen und Bilder, die ich erlebte, sind immer noch sehr lebendig: Plünderungen, Vergewaltigungen, unmenschliches Verhalten und unvorstellbare Grausamkeiten waren alltäglich. Als wir vorbeigingen, sah uns jeder der Männer grimmig an; wir hatten den modrigen Geruch in der Nase, den ihre ungewaschenen Körper ausdünsteten. Ich konnte nur mutmaßen, dass Wasser und Körperpflege im Allgemeinen als Luxus gesehen wurde und den „Prahlhans-Kommandoführern" vorbehalten war. Dieses Camp war so anders als jede Siedlung, die ich bis dato in meinem kurzen Teenagerleben gesehen hatte. Sowohl Hierarchie als auch Abläufe waren extrem seltsam und die Rebellen nahmen alle jene militärischen Ränge ein, die ihrem persönlichen Ehrgeiz entsprachen.

Respekt und das Recht auf Befehlserteilung wurden nur durch Tapferkeit und Zurschaustellung von Bösartigkeit gewonnen. So suchten alle, die eine Waffe trugen, nach Möglichkeiten, sich durch gemeine und unmenschliche Taten selbst ins beste Licht zu rücken – Schaumschlägerei und öffentliche Prahlerei wurden so etwas wie eine Vorauswahl für den passenden Job.

Tagsüber wurde uns beigebracht, wie man mit einer Schusswaffe umgeht. Ich wurde mit einer Mischung aus Benzin und Schießpulver, die man „bom-bom" nannte, unter Drogen gesetzt. Diese Routine war immer gefolgt von den üblichen langen Reden zum Zweck der Gehirnwäsche und Einschüchterung – eine Aufgabe, die sie meisterhaft beherrschten.

Sie wollten unseren Verstand so blenden, dass wir glaubten, sie alleine wären die Rettung für das Land. Was mich und die meisten gleichgesinnten Denker rettete, die ihrer Überzeugungskraft widerstanden, waren die Erinnerungen an die blutigen Massaker, deren Zeugen wir beim ersten Angriff der Rebellen geworden waren. Ich konnte die Erinnerungen an die Verwüstung und den rücksichtslosen Umgang mit diesen unzähligen Leben, die sie doch zu retten vorgaben, nicht aus meinem Gedächtnis löschen.

Neben den Kampfeinsätzen in kleineren Scharmützeln macht der durchschnittliche Rekrut viele Erfahrungen, die manchmal denkwürdiger und hin und wieder auch traumatischer sind, als der Krieg selbst.

Dieser Krieg war ein Racheakt. Es ging im Wesentlichen allerdings um soziale Ausgrenzung, Armut, schlechte Regierung, Ungerechtigkeit und vieles mehr.

Hier ein paar meiner ganz privaten Eindrücke:

Die Rebellen – zumindest in Kono – wurden angetrieben von der Gier nach Diamanten. Diese benützten sie für Tauschgeschäfte, um ihren Kriegsapparat aufrecht zu erhalten. Einige der Rebellen wussten meiner Meinung nach gar nicht, warum oder wofür sie eigentlich kämpften. Sie wollten einfach kämpfen. Manche der Führer versprachen ihren Leuten ein besseres Land.

Die Zeit mit den Rebellen war für uns Jugendliche absolut schwierig. Den ganzen Tag lang dachte ich daran, wie es wohl meiner Familie gehen würde. Eine schreckliche Sache, die von uns allen gefürchtet war, waren die ECOWAS Kriegsjets am Himmel, welche täglich auftauchten, um auf die Rebellen zu schießen.

Diese wurden jedes Mal völlig verrückt und schossen auf die Jets in der Hoffnung, diese vom Himmel zu holen. Die tägliche Misshandlung von Frauen und Kindern war normal. Wir wanderten meilenweit, geraubte Dinge tragend, von einem Dorf oder einer Stadt zur nächsten. Die Rebellen lebten ein komplettes Dschungelleben. Sie aßen, was sie fanden und trugen geraubte Kleidung. Wie die meisten Rekruten, so hatte auch ich keine Ahnung, was vor mir lag und wohin mich zukünftige Aufgaben führen würden.

Die erste große Herausforderung für neue Rekruten waren Grundausbildung und weiterführendes Training, vor allem für die Infanterie. Wenn du die ersten zwei Wochen der rigorosen Ausbildung und Schikanen überstanden hattest, warst du schon relativ gut an das Militärleben gewöhnt.

Nach einigen Trainingstagen war ich fähig, dreißig Liegestützen hintereinander zu machen. Wenn man diesen Kraftakt vollbracht hatte, galt man als waffentauglich. In der folgenden Woche sollte ich die Handhabung der Waffen lernen, wobei ich vermutete, dass es ausschließlich darum gehen würde, wie man wahllos Menschen tötet. Zudem war man gezwungen, den Gestank von Alkohol und Marihuana zu ertragen, was in einer Begegnung mit einem Gegner wohl unvermeidbar sein würde.

Sowohl meine Stiefmutter als auch ihr Sohn waren sonstwo in anderen Gruppen und machten wahrscheinlich die gleichen Strapazen durch wie ich. Während ich mir Mühe gab, alles zu ertragen, wurden die Gedanken an sie zu einer großen emotionalen Bürde. Dadurch wurden die militärischen Drills noch schwieriger zu meistern. Unser Lager wurde nach einem strengen Zeitplan mit Trainingseinheiten und Veranstaltungen geleitet. Die Rebellen nutzten das Tageslicht, uns zu Kindersoldaten zu machen, und die Dunkelheit der Nacht, um zu zerstören und zu plündern. Wenn sie Behausungen überfielen, plünderten sie jedes Gebäude und nahmen von Lebensmitteln bis zu Wertsachen alles mit, was leicht zu tragen war.

Wir Jugendlichen wurden als „Träger" eingestuft. Wir trugen geraubte Ware in unsere Lager, welche weit im Busch lagen und bedeckt waren von dichtem Wald.

Ich freundete mich mit einem anderen jungen Mann namens Abdul an, der mir in dieser „Zwangsfamilie" Halt gab. Er war der Sohn vom Cousin meiner Stiefmutter und etwa in meinem Alter. Gemeinsam hielten wir uns gegenseitig bei Verstand in diesem ganzen Wahnsinn. Meine erste Begegnung mit ihm war vor dem Krieg in der Turner Street 10 in Koidu Stadt, als er seine Tante, also meine Stiefmutter, besuchte. Er war mein einziger Freund in dieser schwierigen Zeit und es ist sehr schade, dass ich ihn nicht mehr gesehen habe und auch nicht weiß, wo er nach dem Krieg gelandet ist.

Der Verantwortliche für meine Einheit hörte auf den Namen Rambo. Er war ein brutales Monster, das Frauen, die einvernehmlichen Sex mit ihm ablehnten, mit Genuss folterte, verstümmelte und ihnen angespitzte Stöcke in die Geschlechtsteile rammte. Rambo drillte uns während des Tages gnadenlos. Sobald wir Fehler machten oder seinen Forderungen nicht gerecht wurden, war es eine seiner wichtigsten Foltermethoden, unsere Arme zu nehmen und die Ellenbogen brutal hinter dem Rücken zusammenzubinden, bis sie sich berührten. Es war eine unmögliche Verrenkung. Manchmal brach der mittlere Brustknochen buchstäblich durch die Haut. Das führte zwar nicht direkt zum Tod, aber viele starben an unbehandelten Wunden, wo der Brustknochen durch die Haut gedrückt worden war.

Wir lebten in ständiger Angst vor Rambos Zorn. Seine üblichen Worte waren: „Jeder, der sich gegen den Versuch, das Land zu befreien, ausspricht, ist ein Saboteur der Nation und sollte dementsprechend bestraft werden." Als leichter Stotterer meinte er, dass Gnade nur etwas für die Schwachen und Feigen wäre. Er war sehr stolz auf seine Taten und prahlte, nur großherzige Männer wie er sollten die Möglichkeit erhalten, die Geschicke eines Landes zu leiten.

An erfolgreichen Tagen, wenn die Beute reif und üppig war, vergab er scherzhaft Ränge in seiner Möchtegern-Einrichtung für die, welche er für vielversprechend hielt – das heißt, für diejenigen mit „Herzensgröße" und Killerinstinkten wie den seinen. Einfach gesagt, er hatte eine Vorliebe für rohe Gewalt und Blut und war einer der Hauptverantwortlichen für die blutigsten Angriffe, die landesweit unschuldige Opfer das Leben kosteten. Er hasste Zivilisten, die vor den Rebellen flohen, leidenschaftlich, von Soldaten ganz zu schweigen.

Uns wurde madenverseuchtes Essen vorgesetzt und wir waren immerzu hungrig. Rambo schrie uns stotternd in unsere Ohren, dass zu viel Essen faul macht!

Nach etwa vier Monaten des Lebens unter den Rebellen begannen die ECOMOG-Truppen (ECOWAS Monitoring Group, multinationale, von der Westafrikanischen Wirtschaftsgemeinschaft eingesetzte Streitkraft) mit ihren üblichen Luftangriffen und entdeckten bald unser Lager. Die Luftangriffe wurden von militärischen Düsenjägern durchgeführt, bekannt als „Alpha Jets", gestellt von der ECOMOG, welche die Regierung von Sierra Leone unterstützte.

An einem besonderen Morgen während des Trainings, hörten wir den fernen Lärm von vorbeifliegenden Düsenjägern. Doch die Kommandeure ignorierten das angesichts der strategischen Lage unseres Verstecks und des riesigen ursprünglichen Waldgebiets, das sich ringsherum über viele Meilen erstreckte.

Wir konnten kaum den klaren Himmel sehen, weshalb wir uns vor Entdeckung sicher fühlten. Dies ging drei Tage so weiter und unsere Vorgesetzten dachten, das Ganze wäre nur ein weiterer militärischer Einsatz, um uns von unseren üblichen Überfällen abzuhalten.

An einem Nachmittag wurden wir völlig überrumpelt, als ein Militär-Düsenjet begann, Bomben abzuwerfen und wahllos ins Dickicht zu schießen. Als dies geschah, brach Chaos aus und alle rannten um ihr Leben, inklusive der Rebellen, die auf den Angriff reagierten, indem sie probierten, den Jet abzuschießen. Das war für uns Gefangene eine goldene Gelegenheit, in beliebige Richtungen um unser Leben zu rennen und ihnen somit zu entfliehen.

Unser Ausflug in die Freiheit nahm eine schlechte Wendung, denn diesmal brannte die Sonne unbarmherzig auf uns hernieder und der Lärm der wilden Tiere um uns herum sowie die vielen Verletzungen und Schnitte von Disteln, Dornen und schneidendem Gras verängstigten uns. Wieder waren wir auf uns selbst gestellt in einer fremden Welt und unsere Gruppe wuchs innerhalb von wenigen Stunden rapide an. Bis wir uns versahen, waren wir eine bunte Gruppe von über 200 Flüchtlingen, überwiegend Kinder, Frauen und junge Männer. Wir waren auf das Schlimmste gefasst.

Etwas erregte meine Aufmerksamkeit. Nach dem Angriff war mir aufgefallen, dass alle Rebellen in eine bestimmte Richtung flohen und alle Gefangene in eine andere. Obwohl wir während des Angriffs in verschiedene Richtungen gerannt waren, fanden wir uns bald alle in kleinen Einheiten zusammen, bis wir eine ganze Bande von Ex-Gefangenen waren. Der Busch wurde zu unserem einzigen sicheren Rückzugsort, nun, da wir auf uns gestellt waren. Wir gingen den ganzen Tag lang durch von den Rebellen zerstörte Geisterstädte, bis wir etwa drei Meilen von der guineischen Grenze entfernt waren. Wir versuchten, uns einige Zeit auszuruhen, aber die Erinnerungen an die Rebellen machte den Gedanken an Ruhe unmöglich. So erreichten wir schließlich eine Stadt namens Faranah und waren sehr bestürzt zu erfahren, dass es uns selbst als Flüchtlingen nicht erlaubt war, in Guinea einzureisen, es sei denn, wir hätten genügend Geld, die Gebühren für eine Einreise zu bezahlen.

Die Guineer wussten, dass Menschen aus Sierra Leone ihr Land überfluten würden, also führten sie eine Sondergebühr ein, die „Einreisegebühr" genannt wurde. Niemand aus unserer Gruppe von Entflohenen hatte Geld, also errichteten wir ein Lager ganz in der Nähe der Grenze für den Fall, dass die Rebellen uns verfolgten.

Es gab keine Möglichkeit, mich mit meiner Mutter in Freetown in Verbindung zu setzten. Wir hatten keine Mobiltelefone und alle Festnetzanschlüsse waren schon zu Beginn des Krieges tot. Mein Instinkt sagte mir, dass meine Mutter sich danach sehnte, von mir zu hören und gemeinsam mit anderen Müttern eine Suche nach ihrem Kind organisieren würde, besonders, weil sie wusste, dass dieses Kind hinter den feindlichen Linien zu suchen war.

Unsere drei Monate Asyl an der Grenze zu Guinea waren eine schreckliche Erfahrung. Wir schliefen im Freien, aßen, was wir der Natur entnehmen konnten und wurden zu einer Art Flüchtlingsfamilie, zusammengeschweißt durch gemeinsam erlebte Gewalt und Krieg. Wir sprachen wenig untereinander von dieser Zeit, da wir alle in unserem Lager Zeugen der gleichen extremen Grausamkeiten und Morde gewesen waren.

Viele waren traumatisiert, brachen in unsagbar lautes Geheul aus, knirschten mit den Zähnen oder wälzten sich auf dem Boden herum, wenn sie gedanklich immer wieder die brutalen Tötungen, Folterungen, Entführungen, Vergewaltigungen, Amputationen ihrer Angehörigen und vieles weitere durchlebten. Sie hatten nichts dagegen tun können, außer um ihr eigenes Leben zu rennen.

Meine Erfahrungen auf dem Schlachtfeld waren sehr schrecklich gewesen, aber eines ist gewiss: In all meinen Kämpfen und dem Erleben der Unbilden des Krieges als Kindersoldat hatte ich nicht eine Kugel abgefeuert.

Das mag unter Umständen verwirrend klingen. Ich kann versichern, dass dies möglich war, da ich keinerlei Interesse an der ganzen Sache hatte. Der Kommandeur unserer kleinen Einheit sah mir das zum Glück niemals an. Stattdessen wurde ich gezwungen, das Raubgut gemeinsam mit ein paar anderen Jungen und Opfern zu tragen. Ich hatte zwei schreckliche Jahre hinter den feindlichen Linien verbracht (1992–1994).

In diesen gut zwei Jahren waren ich und meine Familie insgesamt dreimal gefangengenommen worden, einmal war ich völlig vom Rest meiner Familie getrennt.

Meine endgültige Flucht 1994 gelang, als die „Alpha Jet" der ECOMOG entlang des Luftraums des Rebellengebiets, in dem ich mich befand, patrouillierten. Gemeinsam mit anderen Gefangenen stürzten wir uns auf die Möglichkeit und rannten um unser Leben. Durch die Gnade Gottes kam ich mit heiler Haut davon!

Nach meiner „glücklichen Flucht" vor den Rebellen reiste ich zu Fuß nach Masshingbi, im Tonkolili Distrikt im Norden von Sierra Leone, wo ich meine Stiefmutter wieder traf. Ich war in Masshingbi völlig fremd. Es trug es sich zu, dass Fatu Teja, eine Freundin meiner Mutter, zum Einkaufen nach Masshingbi ging und dort auf mich traf. Nach ihrer Rückkehr nach Freetown erzählte sie meiner Mutter von mir. Zu dieser Zeit hatte meine Mutter schon ihre Hoffnung verloren, mich jemals wieder lebend und in einem Stück zu sehen. Und zwar deshalb, weil sie – wie sie mir später erzählte – in jedem möglichen Amputiertenlager der Hauptstadt nach mir gesucht hatte und außerdem die Leichenhalle des Connaught Government Hospital nach meinen Überresten abgesucht hatte.

Letztendlich kam ich zurück nach Freetown in die warmen und liebevollen Hände meiner „süßen Mutter".

Uns stiegen Freudentränen in die Augen, als wir uns endlich wieder umarmten.

Kapitel 4

Bildung für Veränderung

Für jedes Kind ist Bildung essenziell! Aber das erwähnte ich ja schon. Direkt nach dem Wiedersehen mit meiner geliebten Mutter ging ich wieder zur Schule. Wegen der Auswirkungen des Krieges musste sich meine Mutter einschränken. Ihr Business boomte nicht mehr. Zudem hatte sie gemischte Gefühle seit meiner Entführung und musste sich auch noch mit meinen Schulangelegenheiten auseinandersetzen. Sie wollte, dass ich eine gute Ausbildung bekommen würde. Dies führte dazu, dass wir uns wieder trennten. Ich ging zurück zu meinem Onkel väterlicherseits und seiner Familie, um mein Schulbildung fortzusetzen.

Wenn ich meine Grundschulzeit Revue passieren lasse, sehe ich, dass die Einschulung in die 5. Klasse der Saint Edward's Primary School die Initialzündung für meine Bildung war. Nach meinen bitteren Erfahrungen mit den Rebellen wollte ich etwas verändern. Bildung war der Schlüssel dafür. 1996 machte ich meinen Abschluss an der National Primary School und trat dann auf die Prince of Wales Secondary School, die Schule meiner Wahl, über.

Ich ging auf die neue Schule mit dem festen Entschluss, dort erfolgreich zu sein. Während die Uhr meines akademischen Strebens tickte, legte ich das Basic Education Certificate Examination (BECE) ab, das ist die nationale Prüfung der Junior Secondary School (JSS), um die Zulassung für die Senior Secondary School zu erhalten. 2003 machte ich das West Africa Senior Secondary School Certificate Examination (WASSCE), ein Examen, das meinen Abschluss der High Scool an der Prince of Wales School besiegelte. Das WASSCE wiederum ist eine Voraussetzung für den Eintritt in eine Universität, bei dem man in mindestens fünf Fächern bestehen muss.

Ich nehme meine Leser mit zurück in die angespannte Zeit des brutalen Krieges, und zwar bis zum 25. Mai 1997, als es einen von Johnny Paul Koroma angezettelten Staatsstreich auf die demokratisch gewählte Regierung der Sierra Leone Peoples' Party (SLPP) von Alhaji Dr. Ahmad Tejan Kabbah durch Soldaten gab, die auf diesem Weg zu Rebellen wurden. Dies führte dazu, dass die ECOMOG-Truppen Freetown stürmten, um die neunmonatige Belagerung durch diese Ex-Soldaten, welche allgemein „Sobels" (Soldaten als Rebellen) genannt wurden, zu beenden.

Die Geschichte wird sich an Johnny Paul Koroma und sein Gefolge erinnern, die auf ihrem Rückzug aus den von ECOMOG kontrollierten Gebieten eine Spur des Grauens hinter sich ließen. Diese Sobels schworen auf ihrem Rückzug eine „Operation No living Thing" (Operation kein lebendes Objekt), und machten dies auf ihren Routen durch die dicht gedrängten halbinselförmigen Dörfer sichtbar durch Vergewaltigungen und Morde, das Niederreißen öffentlicher Strukturen, Raub, Entführungen und weiteren Gräueltaten.

In dieser furchtbaren Zeitperiode kam der Unterricht in Schulen des ganzen Landes völlig zum Erliegen.

Ich litt unter einer schweren posttraumatischen Belastungsstörung (PTSD), welche sich in häufigen Alptraumattacken und Depressionsanfällen äußerte. Die Handlungen der zu Rebellen gewordenen Soldaten erinnerten mich daran, was ich als Kindersoldat erlebte.

Nach Ablauf der militärischen Intervention, als die Sobels aus der Hauptstadt vertrieben worden waren, kehrte das Leben allmählich, aber langsam zurück. Viele Menschen hatten ihr bisheriges Leben und ihren Besitz verloren. Ganz ohne Atempause nach all dem

Leid und den Verwüstungen, genügte der überwältigende Gedanke an die Kollateralschäden des Krieges, um tiefe Narben zu hinterlassen. Die Schulen des Landes wurden massenhaft gefördert, um das verlorene akademische Jahr wieder aufzuholen. Ich wurde 1998 in die JSS 2 versetzt.

Obwohl ich bei den Verwandten väterlicherseits lebte, überließ ihnen meine Mutter mich betreffend nicht alle Verantwortung. Die meiste Zeit sendete sie mir Zuschüsse für die Schulessen und den Schulweg während meiner Ausbildung auf der Prince of Wales School. Obwohl sie in vieler Hinsicht eingeschränkt war, beugte sich meine Mutter nicht vor den Hindernissen. So ging es auch weiter, als ich nach meinem BECE umzog zur Familie eines Freundes.

Achje! Dort hatte ich ähnliche häusliche Pflichten zu erfüllen wie bei meinem Onkel. Aber wie immer bewahrte ich den Geist meiner Mutter – ich hielt den Kopf hoch und konzentrierte mich auf das Ziel, das vor mir lag: „Bildung für Veränderung"!

2003, bevor ich die Abschlussprüfungen in der Sekundarschule machte, stellte meine Mutter klar, dass sie meine zu erwartenden Universitätsrechnungen nicht bezahlen konnte. Aber als zielstrebiger junger Mann bewarb ich mich trotzdem an einer der besten Universitäten in Sierra Leone, dem Fourah Bay College (FBC), wo ich Friedens- und Konfliktforschung zu studieren gedachte, eine Disziplin, die nach dem Krieg eingeführt und in der Fakultät für Sozialwissenschaften und Recht verankert wurde.

Da ich nun dieses Universitätsstudium anstrebte und meine Mutter für die Kosten nicht aufkommen konnte, nahm ich mit meiner Cousine Christiana Zainab Charles Kontakt auf, welche in den USA lebt. Christiana Zainab war die Tochter von meines Vaters Nichte Theresa, die schon früher in die USA umgezogen war. Zainab, wie sie gemeinhin genannt wird, willigte ein, mir mit den Studiengebühren zu helfen – allerdings unter der Bedingung, dass ich gute Noten im WASSCE schreiben solle. Als die Ergebnisse schließlich da waren, waren meine Noten gut und Zainab erfüllte ihr Versprechen.

Ich kann also versichern, dass meine Universitätsausbildung mit den von mir gewählten speziellen Studienkursen (Friedens- und Konfliktforschung) der Höhepunkt des Wandels in meinem Leben war. Die Universität war ein weiterer großartiger Ort, an dem ich wundervolle Persönlichkeiten kennenlernen durfte, wie Mr. Desmond George Williams und Mrs. Memunatu Pratt, die mir während meines Studiums sehr geholfen haben.

KAPITEL 5

Den Herausforderungen des Lebens standhalten

Obwohl die universitäre Ausbildung der Höhepunkt meiner Entwicklung und Veränderung war, hatte ich immer im Hinterkopf, dass ich für größere Dinge bestimmt wäre. Glaubt mir, ein Universitätsstudium ist kein Kinderspiel, vor allem, wenn man von Hoffnungen und Träumen lebt. Was ich damit meine? Man muss Körper, Geist und Seele darauf vorbereiten.

FBC, wie die Universität Fourah Bay College im Volksmund heißt, liegt ganz oben an einem Ort, der als Mount Aureol im heutigen Freetown bekannt ist. Täglich zu Fuß für Vorlesungen dort hin zu gehen ist, als wenn man einen Marathon absolvieren wollte. Ich lief die Universität rauf und runter und nur selten nahm ich ein Taxi vor oder nach den Vorlesungen. Mein armer und bescheidener Hintergrund machte mir das unmöglich.

Wenn man zufällig die FBC besucht oder Zulassung zur Universität erhält, dann hört man unter den Studenten, die sich kein Taxi leisten können, immer den populären Slogan: „Sam u dae canal?" Was auf Krio wörtlich bedeutet: „Frage deinen Kumpel, ob er zu den Vorlesungen oder von diesen nach Hause zu Fuß geht." Üblicherweise wird diese Frage gestellt, um Engagement für die „Kanalroute" zu zeigen, die mir in guter Erinnerung ist. Diese populäre Strecke mündet in Seitenstraßen, die nahe der Kissy Road verlaufen, einer der führenden Straßen in den zentralen Geschäftsdistrikt von Freetown, von wo ich immer meinen Weg nach Wellington finde, wo ich mit meinem Großvater mütterlicherseits gewohnt habe.

Um mein Diplomstudium des Studiengangs Friedens- und Konfliktforschung zu beenden, musste ich ein

Praktikum absolvieren, das ich beim Network Movement for Justice and Development (NMJD), einer lokalen Lobbyorganisation, absolvierte. Während dieses Praktikums beim NMJD zeigte ich so viel Engagement, dass ich die Bewunderung von Morlai Kamara, dem Programmleiter für wirtschaftliche Gerechtigkeit im NMJD-Regionalbüro in Kenema erlangte. Dieser erklärte sich bereit dazu, sich um mein Wohlergehen zu kümmern. Meine Aufgabe war es, mit anderen Praktikanten in den Provinzgebieten zu arbeiten.

Obwohl NMJD normalerweise keine Stipendien an Praktikanten vergab, hatte meine Gruppe das Glück, Unterstützung auf monatlicher Basis zu erhalten – aber nur, wenn wir in den Provinzen arbeiteten. Ich betrachtete dieses Angebot als großartige Förderung für die finanzielle Richtungsänderung in meinem Leben. In diesem Sinn musste ich natürlich meine Praktikanten-Kollegin Nancy Koroma ermutigen, das Angebot anzunehmen, welches uns die Möglichkeit bot, unseren akademischen und sozialen Horizont zu erweitern.

Nachdem Nancy zugesagt hatte, an dieser Erkundung teilzunehmen, verließen wir Freetown zu den verschiedenen Stationen. Sie ging nach Bo City, während ich nach Kenema City reiste, beides Städte, die im Süden bzw. Osten des Landes liegen.

Wenn ich mein Engagement für NMJD ausdrücken soll, dann war ich eher ein „Laufbursche", auf den sich Mitglieder und Mitarbeiter verlassen konnten, der jede Aufgabe schnell und fleißig erledigte. Ich war stets auf dem Sprung, Nachrichten zu übermitteln oder den nächsten Auftrag auszuführen. Wegen meines Einsatzes in den mir zugewiesenen Aufgabenbereichen bot mir Morlai Kamara sein Schlafzimmer in Kenema an, was mich der Sorgen wegen einer Unterkunft in Kenema Township enthob. Ich wurde in Programmierung und Aktivismus angeleitet und da war eine Schlüsselpersönlichkeit, die ich als Vorbild betrachtete: Karim Bah, der Programmleiter der NMJD-Jugendförderung für den Bereich Mano River Basin, welcher zufällig auch mein Vorgesetzter während meines Praktikums war.

Durch die Arbeit bei NMJD lernte ich einiges über Büroorganisation und die Umsetzung von Projekten. Meine erste Feuerprobe kam, als ich den Hauptpart in einem Projekt übernahm, das in Bo City durchgeführt werden sollte. Herr Karim Bah übertrug mir eine Verantwortung, die ich niemals für angemessen gehalten hätte. Es ging um eine Summe von 25.000 Mio. Le, damals mehr als 8.300 USD, welches der Betrag für das gesamte Projekt in Bo war. Ehrlich gesagt, brachte mich diese Verantwortung fast um den Verstand. Und zwar deshalb, weil ich täglich überprüfen musste, wie viel noch übrig war und zusätzlich dafür zu sorgen hatte, dass ich alle Belege für die nötigen Ausgaben sammelte.

Die Erfahrung, so viel Geld zu verwalten, war die Hölle. Ich hatte schlaflose Nächte und betete, dass alles gut ginge und jeder einzelne Penny in meinem Besitz sorgfältig verbucht würde. Es ist so, dass dieses Projekt in Bo eine riesige nationale Jugendkonferenz war, und dort hatte ich die Gelegenheit, mich mit zahlreichen Anwälten aus dem ganzen Land zu treffen und lernte eine Menge von ihnen und den Jugendlichen, die die Konferenz besuchten.

In meiner ruhigen und persönlichen Zeit ging ich mit Ideen schwanger, die ich für nötig hielt, um die Stimme der Jugend in den Neuaufbau der Nation und die Erreichung nachhaltiger Entwicklungsstandards auf einem landesweiten Spektrum zu erlangen. Später lernte ich das Akronym HIPC, welches für Heavily indebted Poor Countries (Hochverschuldete Entwicklungsländer) steht. Sierra Leone war definitiv keine Ausnahme.

Erst zu dem Zeitpunkt begann ich zu begreifen, dass das Leben sehr viel mehr zu bieten hat und die Natur nicht die einzige Gebende sein kann. Es wurde außerdem klar, dass alles, was wir brauchen, um die Welt zu einem besseren Ort zu machen, darin besteht, selbst ein wenig mehr zu geben. Wenn wir ein wenig von unserer Zeit geben, ein wenig von unserer Energie, etwas Raum, dazu ein wenig Glauben und eine Prise Engagement, können wir es erreichen, die Welt zum Besseren zu verändern.

Meine Arbeit bei NMJD hat mir weiterhin Gelegenheiten und Momente beschert, die meinen gesamten Körper, meinen Geist und meine Seele einbezogen. Ich lernte außerdem eine ganze Menge, als ich engagiert war in die Kampagne „Just Mining" (gerechter Bergbau), ein Projekt des NMJD, welches sein Konzept aus dem Programm Wirtschaftliche Gerechtigkeit herleitet – einem Dachprojekt für faire Geschäfte im Bergbausektor. Ich wurde zu einer kleinen, aber eifrigen Stimme, die sich gegen unfaire Behandlung von Bergleuten, Landbesitzern und Investoren aussprach. Mit gleichem Eifer war auch meine Betreuerin unterwegs, die verstorbene Esther Kamara, die furchtlos und stets bereit war, bei diesem Projekt ungerechte Dinge zu hinterfragen. Wir führten Interviews und hatten direkte Begegnungen mit Opfern des Bergbaus und gefährlichen Unglücken.

Während meiner Expedition zu dem schönen Projekt der Just Mining-Kampagne hatte ich die Gelegenheit, noch einmal in die Geschichte zurückzureisen, welche ich nie vergessen werde. An den Ort, an dem ich als Junge verschleppt und als Kindersoldat und Zwangsrekrut in der Armee landete: Kono.

Da Kono das Zentrum des Landes für Diamantenabbau ist, gab es viele Beschwerden von Opfern in den Abbaustätten, die ihre Abscheu über die eklatante Missachtung und Respektlosigkeit ihren Leben gegenüber zum Ausdruck brachten. Ziel dieser Beschwerden war die Koidu Holdings Limited in Koidu, eine renommierte Bergbauinstitution, welche regelmäßig donnernde Dynamitsprengungen durchführte. Gemeinsam mit Journalisten und anderen juristischen Gruppen wurden routinemäßig Interviews mit Opfern durchgeführt, deren Häuser von den Splittern der Kimberlit (früher: Blaugrund) Sprengungen beschädigt wurden.

Durch unsere Video-Interviews und die Schnappschüsse der Orte realisierten wir, dass tatsächlich viele Häuser und Immobilien der lokalen Bevölkerung durch diese grausame Praxis zerstört wurden. Wir waren so eifrig damit beschäftigt, die Wahrheit ans Licht zu bringen, dass wir an einen Punkt kamen, wo Esther Kamara – Gott hab sie selig – und ich verhaftet und zu einem Verhör in der Polizeistation von Tankoro gebracht wurden. Dort wurden wir zu Zielen von Einschüchterung und mutwilliger Belästigung, was auf Anweisung der Bergbauunternehmen und Regierungsbeamten geschah.

Unsere Brieftaschen, Videokamera, Rekorder und Telefone wurden konfisziert. Zu meinem Glück war ich sehr schnell und konnte vorher noch den Speicherchip der Kamera entfernen und ihn außer Sicht und Reichweite der Polizisten verstecken. Nach mehreren harten Stunden in Polizeigewahrsam wurden wir wieder freigelassen – nachdem unsere Telefone und der Rekorder durchsucht worden waren. Zu ihrem Leidwesen wussten sie nicht, dass der Chip in meinem Schuh versteckt war. Am Ende hatten sie keine handfesten Beweise, ihre Anschuldigungen zu belegen. Herr Abu Brima, der Geschäftsführer von NMJD, hat um unsere Freilassung ersucht. Dieser üble Vorfall mit der Polizei nährte den Wunsch in mir, mein Leben in den Dienst der Menschlichkeit zu stellen.

KAPITEL 6

Narben in Sterne verwandeln

Als Kind hat man immer den Wunsch, groß rauszukommen im Leben – mit allen hochtrabenden Träumen und Erwartungen. Während das Leben passiert, ändern sich die meisten unserer Kindheitsträume, die wir doch so gehütet hatten, weil sich die Bestimmung immer wieder in eine andere Richtung dreht auf dem Weg zum Erwachsen-Werden. Es ist unvermeidbar, dass manche Träume sich erfüllen und andere nicht. Das Schicksal hat immer einen gewissen Einfluss auf unser Leben. Aber ein kleiner und solider Pfad zum Erfolg ist der Glaube an dich selbst, wo andere versagt haben. Dies plus eine positive mentale Einstellung geben dir die Kontrolle über dein Leben. Du setzt selber deine Ziele, die dich näher in die Richtung deiner Träume bringen.

Es ist normal für uns, Tagräumen nachzuhängen über unsere Ambitionen, wenn wir uns vorstellen, Anwälte, Doktoren, Ingenieure, Bankmanager, Polizisten, Piloten oder Soldaten oder sonst was zu sein. Die sich ausgedachten Szenarien beim Einschlafen unterscheiden sich meist von der Wirklichkeit.

Als ich mich näher mit den verschiedenen Rechten und Interessenvertretungen zu beschäftigen begann, begann ich auch die wirklichen Details zu erahnen, welche soziale Arbeit begleiten. Ich begann zu tagträumen über die Erforschung meiner Zukunft und es häuften sich unbeantwortete Fragen: Was musste ich noch lernen? Welchen beruflichen Weg sollte ich einschlagen? Welche Hindernisse würden mir bei meinem gewünschten beruflichen Ziel im Weg stehen? Wie werde ich in fünf bis zehn Jahren dastehen? Was kann ich dazu beitragen, die Welt zu einem besseren Ort zu machen?

Diese Fragen ließen mich erkennen, dass die Realisierumg meiner Träume im Tun lag. Dies veranlasste mich dazu, einige Zielsetzungen und die leitenden Prinzipien meines Lebens zu entwerfen – meine Welt!

Die Arbeit in Kreisen von Nichtregierungsorganisationen und der Zivilgesellschaft hat Höhen und Tiefen. Die Öffentlichkeit mag jemanden, der nicht Regierungsbeamter ist, wahrnehmen als eine Person mit weniger aufreibender Arbeit, dafür aber hohem Gehalt und anderen Nebenleistungen. Doch das ist völlig falsch. Manchmal überwiegen sogar die Nachteile.

Es wird bei manchen Institutionen erwartet, dass Überstunden extra bezahlt werden. Doch dies ist nicht der Fall, weil die Visionen einer Organisation den Glauben vermitteln, eine Karriere zu haben und nicht nur einen Job. Es steht jedem frei, eigene Pläne zu haben und deren Erfüllung zu erwarten und zu denken, dass dies alles wäre. Wie auch immer, es geht über die Selbstverwirklichung hinaus, da unsere Handlungen möglicherweise direkte oder indirekte Auswirkungen haben, während wir in der Verantwortung stehen.

Man kann zum Beispiel einem Ideal bzw. einer Vision anhängen, wie die Welt sein sollte. Unsere Träume kreisen um den Weltfrieden oder um Nahrung für die nicht so Privilegierten. Wir können uns sorgen um Probleme wie Unterschlupf für die Obdachlosen, Opfer von Vergewaltigung und häusliche Gewalt. Oder wir entscheiden uns, uns für humanitäre Behandlung von Opfern von Natur- oder anderen Katastrophen einzusetzen. Diese Ideale zur Rettung der Menschheit sind das, wofür ich mich schon als Kind entschieden habe, aber dann speziell nochmals durch meine Erfahrung als Kindersoldat. Ich schloss einen Pakt mit meinem Gewissen, dass, sobald ich an eine Wertvorstellung glaube, ich auch an mich selbst glaube und daran, dass ich etwas verwirklichen kann.

Mit diesen Gedanken im Hinterkopf, begann ich ernsthaft an meinen humanitären Plänen zu arbeiten, die lange, bevor sie wirkliche Ziele werden können, angestoßen werden mussten. Meine Neigung zur Menschenfreundlichkeit gelangte zu einem Höhepunkt und ich wurde wachsam in Bezug auf unnötige Ablenkungen, die zu sofortiger Befriedigung führten. Daraus entstanden meine Leitprinzipien im Leben und ich wusste, wenn ich vorsichtig mit meinen Ambitionen wäre, würde ich überall hinkommen, wo ich hinwollte, Schritt für Schritt.

Unsere Lebensreisen gehen über physische Beeinträchtigungen, Ängste, Stärken und Schwächen hinaus, welche uns mit auf unseren Weg gegeben wurden. Diese können wir nicht vorwegnehmen oder gar durch unseren bescheidenen Ansatz entscheiden. Gelegenheiten kommen – wie Menschen – in verschiedenen Formen und Größen; in unterschiedlichen Zeitlinien entlang unserer Bestimmungen. Wir alle streben danach, am Ende einer Erfolgsgeschichte zu stehen.

Leider! Wir können nur schätzen, was wir überstanden haben, wenn wir uns mit einem entschlossenen Verstand, einem unverwüstlichen Geist und einem entspannten Körper dafür entscheiden. Als also die Tage der Rettung aus der Rebellenhand auf mich zukamen, wusste ich als erstes, dass dies eine einmalige Sache war! Ich wusste, dass ich eine Chance im Leben ergriff, die mich von all dem Gewicht erlösen konnte, das ich als Teenager mit mir herumgetragen hatte, indem ich mit meinem Selbst und allem, was ich war, Frieden schloss.

Bevor man über die Zukunft und wer man sein will nachdenkt, sollte man sich über sein eigenes Selbst im

Klaren sein. Es kann sehr hilfreich sein, mehr über die Dinge herauszufinden, die man in einem fortgeschritteneren Alter tun möchte. Dieses Selbstverständnis bringt mehr Erkenntnis über die eigenen Bedürfnisse und alles, was einen veranlasst zu handeln. Ganz nebenbei öffnet dies einen Weg zur Erforschung der eigenen Emotionen. Wenn ich um meine wahren Gefühle weiß, kann ich meine Qualitäten (gute und schlechte) und Fähigkeiten entfalten und dies hilft mir, meine Ziele zu erreichen oder die Chancen, die mir das Leben bietet, zu zerstören. Bei dieser Erkenntnis dämmerte es mir, dass meine Stärken und Schwächen mein größtes Vermögen sind.

Zu den Dingen, die ich mir aneignete, während ich mit verschiedenen Persönlichkeiten interagierte, gehört, dass man vermeiden sollte, etwas zu tun, um andere zufriedenzustellen. Dies führt meist dazu, dass man es übersieht, Maßstäbe zu setzen, welche eine positive Auswirkung auf einen selbst und andere haben. Wer nur handelt, um anderen zu gefallen, muss auch das Ergebnis akzeptieren. In den meisten Fällen wird es nicht das Gewünschte sein. Als ich an diesem Punkt angelangte, wusste ich, dass Verantwortung mit Führung einhergeht – das Gegenteil ist auch wahr.

Recht interessant ist auch die Tatsache, dass man, wenn man immer nur versucht, es anderen Recht zu machen oder alles auf deren Art regelt, es zunehmend schwer fällt, an sich selbst zu glauben und seine eigenen Ziele zu erreichen. Wenn man Selbstzweifel hat, wird es schwierig, Zukunftspläne zu entwickeln. Mein schnellster Weg, dieses Problem zu lösen war, zu tun, an was ich glaubte, von dem ich überzeugt war, dass es richtig war für mich, während ich als Praktikant arbeitete.

Während ich mich um all die Details kümmerte, die Teil meines jugendlichen Lebens waren, fand ich es wichtig, mir das ABC meines Lebens zu Herzen zu nehmen und ich machte es mir zur Gewohnheit, mich selbst daran zu erinnern, was ich mir vorgenommen hatte: mein Selbstwertgefühl zu stärken. Diese Leitsätze dienten mir als Blaupause. Zuerst begann ich mit einer ordentlichen Selbstbetrachtung, um sicher zu gehen, dass meine ehrgeizigen Ziele nicht mit anderen persönlichen Zielen in Konflikt standen.

Als nächstes dachte ich darüber nacht, wie viel Zeit ich brauchen würde, meine Ziele zu erreichen mit dem zur Verfügung stehenden Unterstützungssystem. Dies führte zu zahllosen Fragen, die in dem Augenblick beantwortet werden konnten, in dem ich mich bemühte, diese Frage mit bestimmten Aufgaben zu verknüpfen. Ich bewertete meine neue Hingabe immer wieder mit dem entsprechenden Wert dessen, was ich zu verbessern versuchte und kurz darauf wusste ich, was mich die Alternative kostete.

Um in einer Sache erfolgreich zu werden, muss man manchmal etwas anderes aufgeben. So gewagt es auch klingen mag, es verlangt manchmal kurzfristige Entscheidungen, welche Mut erfordern. Dies wird in der Wirtschaftswissenschaft als „Opportunitätskosten" (der entgangene Nutzen einer Handlungsalternative) bezeichnet. Eine typische Herausforderung bestand darin, dass ich mich entscheiden musste zwischen dem Sammeln von mehr Praxiserfahrung und dem Verzicht auf lukrative Mittel zur Befriedigung meiner persönlichen Bedürfnisse. So sehr ich das Geld für meinen Lebensunterhalt benötigte, so sehr könnte es sein, dass ich doch Erfahrungen verpasste, während ich meiner täglichen Arbeit nachging. Dies waren versteckte Kosten, die ich in die Waagschale legen musste, um meine gesetzten Ziele zu erreichen. Der ehrliche Preis, den ich dafür bezahlte, war meine ernsthafte Hingabe.

Ich musste also meinen Job über alles andere stellen, was immer es kostete.

Ein weiterer Aspekt meines Lebens, mit dem ich mich fortwährend auseinandersetzte, war Selbstdisziplin. Das Wichtigste, das mir dazu einfällt, ist die Überwindung der Aufschieberitis. Ich prägte ein Mantra, das mich daran erinnerte, verschwendete Zeit zu begrenzen. So lernte ich, meine täglichen Routinen zu planen, indem ich Prioritäten setzte für mein Zeitmanagement. Die Arbeit im Außendienst setzt einen Sozialarbeiter manchmal übermäßig unter Druck, vor allem in Gemeinden mit wenig oder gar keinem Internetzugang. Oft fühlt man sich müde und nicht in der Stimmung für zusätzliche Arbeit, also verschiebt man Aufgaben auf den nächsten Tag.

Was in den meisten Fällen passiert, ist, dass wir uns überwältigt fühlen und aufgeben oder es erst gar nicht versuchen. Diese Erfahrung habe ich oft gemacht. Und immer wieder habe ich Schuldgefühle und intensiven Druck gespürt, weil ich Arbeiten unerledigt lassen musste. Wie auch immer, mit einer entschlossenen geistigen Haltung würde ich diese Schuld so lange mit mir herumtragen, bis ich die Dinge richtig machen würde. Es gibt nichts, was sich vergleichen ließe mit dem positiven Gefühl und dem Seufzer der Erleichterung, welcher damit einhergeht, alles richtig zu machen.

Eine clevere Motivation, die ich von Kollegen gelernt habe, waren die fünf Dinge, die jedermann identifizieren muss, um Ziele zu setzen und zu erreichen: Beziehungen, Bildung, Karriere, persönliche Entwicklung und Muße. Diese Jungs klärten mich über diese fünf Punkte auf, die das Leben beeinflussen. Ob es nun zu der Zeit sinnvoll war oder nicht, ich entdeckte bald, dass sie im Fokus einer Berufung bzw. eines Berufes stehen, für die oder den man sich entscheidet.

Selbstdisziplin half mir in mehr als einer Hinsicht, fundierte Entscheidungen über mein Leben zu treffen und half, die Ausmaße meiner jugendlichen Exzesse zu formen. Manchmal musste ich aufgeben, was ich eigentlich hätte tun wollen.

Es gab eine Zeit, in der ich mich selbst bewerten musste; ich musste mir Gedanken darüber machen, was mich als Person am meisten beeinflusst hatte. Die Antwort, die in meinem Geiste immer wieder erschien, war feierlich und herzzerreißend. Die Angst vor Versagen hielt mich immer auf Trab, die Leiter der Großartigkeit, wenn nicht sogar des Erfolgs, zu erklimmen. Als junge Person stand ich stets kurz vor einem emotionalem Zusammenbruch, wenn ich an einer Aufgabe scheiterte.

Man sagt, dass Tapferkeit etwas völlig anderes ist als Leichtsinnigkeit. Es besteht nicht darin, Angst oder Gefahr zu suchen, sondern darin, wenn es darauf ankommt, die Angst kontrollieren zu können. Dieser prickelnde Gedanke hielt mich gefangen, als ich die wertvollsten Dinge in meinem Leben der sanften gesellschaftlichen Ethik und den Erwartungen opferte: meine Familie, Freunde und die Kultur meiner Heimat. Es hat mich allerdings zu einem unverwüstlichen Charakter gemacht, der die Sprossen der Leistungs-Leiter hochklettere mit der Vorstellung, dass mein Lebenszweck der ist, der Menschheit zu dienen.

Ein weiteres Ziel, das für meine berufliche Entwicklung relevant war, war, etwas zu wagen, Risiken einzugehen. Dies sollte mich in Positionen bringen, in denen ich bestimmte Ängste zu Überzeugungen loslassen musste, welche im Normalfall jemanden moralisch binden würden. Ich lernte, dass etwas zu wagen heißt, Vertrauen in die Urteilskraft anderer zu haben, Rückmeldungen anzunehmen und dabei auch unangenehme Überraschungen im Hinterkopf zu behalten, die uns treffen könnten. Dabei muss man sich für sinnvolle und positive Veränderungen öffnen. Mit diesen festgelegten Strategien muss man bereit sein, die Konsequenzen, die mit der Bereitschaft, Risiken einzugehen einhergehen, zu akzeptieren. Dies eröffnete mir neue Zugänge, um meine Kollegen und andere Leute in meinem Umfeld mit meinem Beifall oder auch meiner Unzufriedenheit über ihre Arbeit oder ihr Verhalten zu konfrontieren. Mit dieser Vorgehensweise verbessere ich meine zwischenmenschlichen Fähigkeiten schneller, als ich mir vorstellen konnte und dies bewies erneut meine vorherige Behauptung, dass das Eingehen von Risiken die Möglichkeit des Scheiterns überwiegt. Mit der Haltung, negative Gedanken in positive umzuwandeln, können wir unsere Chancen von unmöglich in möglich umkehren und unsere Nein-Sager in Ja-Sager. Probier es aus!

Nach meiner Analyse der Auswirkungen der Entscheidungen, die ich während meiner Ausbildungszeit traf, fragte ich mich selbst wieder: „Bereue ich es, auf den Komfort von zu Hause und Freunden verzichtet zu haben?" Die Antwort war immer: „Nein!" Im Nachhinein scheint es mir auch unsinnig, Reue zu empfinden für das Opfer, von meiner Familie getrennt zu sein oder auf andere Dinge verzichtet zu haben. Denn dies ist es, was mir die Möglichkeit eröffnet hatte, meine Träume zu verfolgen und ein außergewöhnliches Leben mit einer einzigartigen Geschichte zu leben, die ich nun erzählen darf.

Meine Leitprinzipien im Leben haben dazu beigetragen, es in eine Richtung zu lenken, für die ich dankbar bin bis hin zu den Wurzeln meiner Leidenschaft und des Traums, ein Vertreter der Menschlichkeit und ihr Fürsprecher zu sein, der Zeugnis für Katastrophenopfer und weniger privilegierte Individuen ablegt. Diese Aufgabe hat mir ein Gefühl von Zugehörigkeit gegeben, die mich auch die sich dahinschleppenden Tage und den Umgang mit meinen Ängsten schätzen lässt.

Trotz der Tatsache, dass ich in meiner Jugend viele unangenehme Abenteuer durchzustehen hatte, besteht meine Herausforderung jedoch nicht darin, mir öffentlich persönliche Anerkennung zu verschaffen, sondern ein allgemeines Verantwortungsgefühl zu vermitteln, dass wir alle Schicksalsschläge des Lebens annehmen und einen sinnvollen Beitrag zu unser aller Unterhalt leisten. Es ist mein Wunsch, dass meine Geschichte einen Beitrag leistet, ein Gefühl der Erfüllung zu erlangen, wenn wir uns jeder scheinbaren Herausforderung oder Zerstörung entgegenstellen. Zerstörende Umstände sind Sprungbretter des Lebens und egal, wie bizarr unsere Umstände sind, wir haben es in der Hand, die Strahlen so zu lenken, dass unser innerer Entschluss leuchtet und unser Wille die dunkelsten Narben zu strahlenden Sternen werden lässt.

Wir alle haben unsere Geschichten von Verzweiflung und Mut, von Verlust und Gewinn, von unserer Vergangenheit und Gegenwart. Wir sollten unsere Geschichten verwenden, um Lösungen zu finden für die nie enden wollenden sozialen Probleme, die uns unser Lächeln zu nehmen drohen. Ich verwende meine Geschichte, um den Hoffnungslosen Hoffnung zu geben und jeden wissen zu lassen, dass es am Ende des Tunnels immer ein Licht gibt.

KAPITEL 7

Auf Geheiß eines Anrufs

Der Abschluss meines Kurses am Fourah Bay College ließ mich mit gemischten Gefühlen über die Optionen zurück, die ich in Betracht zu ziehen hatte, um mein Leben erfolgreich zu gestalten. Ein Praktikum bei Network Movement for Justice and Development (NMJD = Netzwerk Bewegung für Gerechtigkeit und Entwicklung) bot eine Menge an Gelegenheiten, die meine Haltung zu Sozialarbeit und einer Karriere in diesem Bereich erweiterte.

Am Ende meiner Laufbahn bei NMJD schrieb ich einen Artikel, der viral ging, für ein führendes Internet-Magazin. Der Titel: „Mines and Communities" (Minen und Gemeinden). Meine dort ausgedrückte Meinung wurde sowohl mit viel Beifall als auch mit Kritik bedacht, aber der Beifall überwog bei weitem. Dies bestärkte meinen Standpunkt und meine Zuversicht in ein proaktives Eintreten für die Sache. Und als Mentoren wie Mrlai Kamara, Charles Lahai und Ngolo Katta meiner Leidenschaft in dieser Richtung Beifall zollten, war die Zeit der Ablenkungen vorbei. Der Artikel „What NMJD has tought me" (Was mich NMJD gelehrt hat), den ich damals schrieb, drückte Erfahrungen und Herausforderungen in der Ausübung meiner Pflichten aus. Dieser Titel wurde später zu meinem allseits bekannten Spitznamen. Meine Mentoren riefen mich bei diesem Namen, wenn ich mit ihnen interagierte, denn diese Überschrift spiegelte die zahlreichen Begegnungen wider, welche die Sozialarbeit zu meinem Aufstieg beitrug.

Als ich verwandte Artikel las, die humanitäre Interventionen behandelten, wurde ich vertraut mit dem entsprechenden Recht, dessen Konzept ad hoc aus der Scham der internationalen Gemeinschaft über die Untätigkeit in Bezug auf das Massaker an den Tutsis durch die Hutu in Ruanda entstand. Das Interventionsrecht wurde im Kosovo-Krieg geltend gemacht, als Serben die ethnische Mehrheit mit Terror aus ihrem Heimatland vertrieben. Es sollte später umbenannt werden und wurde weithin bekannt als „The Responsibility to Protect" (Schutzverantwortung). Es wurde vereinbart, dass jeder individuelle Staat die Verantwortung hat, seine Bevölkerung vor Genoziden, Kriegsverbrechen, ethnischer Säuberung und Verbrechen gegen die Menschlichkeit zu schützen.

Meine Aufmerksamkeit wurde überwiegend auf die Bestimmungen der Charta der Vereinigten Nationen gelenkt und Scham für mein Mutterland brannte sich in mein Gewissen als ehemaliger Kindersoldat. Eine riesen Verantwortung dämmerte mir, ich wollte aktiv sein in derselben Weise wie die internationale Gemeinschaft. Wann immer es in der Welt eine Krise gibt, werden die Vereinten Nationen der Verantwortung entsprechend helfen, um humanitäre Appelle aufzugreifen, wenn ein Staat dies nicht tut.

Vielleicht braucht es Wunder, um so einen Appell auszusprechen, aber eines war sicher, und zwar, dass mein Drang, eine Stimme für andere zu werden, tief verwurzelt war, weil ich handfeste Gründe für einen Erfolg hatte. Apropos Wunder: diesen Aspekt hatte ich mir für einen besseren Zeitpunkt aufgespart. Ich möchte die Gelegenheit nutzen, von drei wichtigen Ereignissen in meinem Leben zu erzählen, welche meiner Meinung nach Wunder sind.

Damals in Kono, bei meiner zweiten Gefangennahme durch die RUF, war ich einer unter anderen Zivilisten und Kriegsgefangenen. Zu diesem Zeitpunkt wollten die RUF ein stenges Zeichen setzen und wir sollten die

Kuriere einer Botschaft werden, die unsere Identität dauerhaft prägen sollte. Wir wurden fixiert und mussten uns in einer Reihe aufstellen. Dann riefen sie uns einzeln auf und fragten, ob wir einen „kurzen oder langen Ärmel" haben wollten. Der Ausdruck bedeutete, dass sie einem den Arm abhacken würden. Ob kurz oder lang, war unsere Wahl. Wir waren dreizehn an der Zahl und wir beteten alle in unseren unterschiedlichen Glaubensrichtungen um eine göttliche Intervention. Ich bemerkte schnell, dass ich Nummer acht bei der Zählung war. Wer „kurzärmelig" antwortete, dem wurde die Hand am Ellenbogen abgehackt. Bei der Antwort „langärmelig" wurde die Hand am Handgelenk abgetrennt.

Einige Hände waren schon abgehauen worden und ließen die Opfer stark blutend zurück. Als ich darauf wartete, dranzukommen, pochte mein Herz so stark, dass ich kaum noch das furchtbare Geräusch hören konnte, das es jedes Mal gab, wenn die Rebellen ihre Machete zum entsetzlichen Streich erhoben. Schon drei Männer waren direkt vor meinen Augen amputiert worden, gefolgt von zwei Frauen im mittleren Alter, die bezichtigt wurden, Kollaborateure für die ECOMOG-Kräfte zu sein. Als sie vor Schmerz aufschrien, konnte ich beobachten, wie sie sich die Stümpfe ihrer amputierten Gliedmaßen mit Erde einrieben, um die Blutung zu stillen. Ein paar verbanden darauf ihre Wunde mit Kakaoblättern als natürlichen Verband.

Zwei Jungen waren auch noch vor mir dran, einer davon mein enger Freund Abdul. Ich konnte nicht zusehen, wie sie seine Hand abhackten, aber ich werde niemals den Ton der Machete und die Schreie meines Freundes vergessen. Nach einem weiteren Kindersoldaten war ich an der Reihe. Dann, wie vom Himmel geschickt, erschien ein ECOMOG Militär-Jet am Himmel und mit einem Donnerröhren über uns hinweg. Daraufhin brach in dem Rebellen-Kontrollpunkt der Rebellen das Chaos aus und alle Leute rannten in verschiedene Richtungen davon – auch die Rebellen selbst. Schüsse wurden abgefeuert und der Kampfjet machte eine Kehrtwende, um in Richtung der Schüsse vorzudringen. Es wurde schnell zurückgefeuert und die komplette Umgebung war von Rauch und Staub geschwängert. Alle liefen um ihr Leben in unterschiedliche Richtungen, ohne zurückzublicken oder herauszufinden, welche Richtung zu Sicherheit oder Gefangenschft führten. Nach etwa dreißig Minuten, die wir gerannt waren, wurde der Busch wieder zu unserem sicheren Hafen und unserer Zuflucht. Dies war die Chronik meines ersten Wunders, das ich erlebte. Aus offensichtlichen Gründen hätte meine Geschichte völlig anders verlaufen müssen.

In dem Bewusstsein, dass unsere erneute Gefangennahme unseren Tod bedeuten würde, rannten und gingen wir über fünf Tage und Nächste ohne zu stoppen, um zu essen oder zu schlafen, bis wir zu einer Stadt kamen. Diese war von einer Zivilverteidigungseinheit besetzt, die im Volksmund als Kamajors (eine Milizgruppe) bekannt war. Diese Männer waren im Grunde Selbstjustizler, welche von der Regierung gesponsert wurden, um alle Angriffe der Rebellen abzuwehren.

Diese Zivilverteidigungseinheit hatte wenig oder keine Ahnung von militärischer Kriegsführung und sie konnte kaum Prüfverfahren durchführen, die identifizierten, ob wir Rebellen waren oder nicht. Sie trieben uns in ein schattenloses Gebiet und hielten uns dort als Rebellenverdächtige fest. Die Sonne kannte keine Gnade, tagein und tagaus, wärend wir auf jemanden warteten, der kommen und uns identifizieren sollte und damit die Wachen überzeugen konnte, dass wir keine Rebellen oder Spione wären. Es fühlte sich an wie ein Sprung vom Regen in die Traufe. Wiederum wurden wir gefangen gehalten und für Spione und Kollaborateure gehalten. Die allgemeine Meinung war, dass Kollaborateure den Krieg verschlimmerten und daher gingen beide Seiten hart und gnadenlos mit ihnen um.

Ich begann, jede Hoffnung zu verlieren, da ich so weit von zu Hause entfernt war. In meiner Verzweiflung ahnte ich nicht, dass mein zweites Wunder nahe war. In einer schicksalshaften Stunde nach zwei Tagen in Gefangenschaft kam eine Frau zu dem Milizlager, welche ich nie zuvor gesehen hatte und auch danach nicht wieder sehen würde. Sie sah mich in der bewachten Gefängniszelle immer wieder an, nahm sich Zeit, vorbeizugehen, langsam, aber unablässig mich anstarrend. Sie kannte mich genauso wenig wie ich sie. In meinem hoffnungslosen Zustand schaffte ich es, ihr zuzulächeln, weil mir klar war, dass sie eine Mutter war, so wie meine. Sie verließ den bewachten Bereich und ich überlegte, ob ich sie jemals wieder sehen würde. Kurze Zeit, nachdem sie das Milizlager verlassen hatte, kam einer der Captains zu mir herüber und erzählte mir, dass diese Frau mich identifiziert hätte – ich wurde freigelassen.

Das war unglaublich. Ich war im ersten Moment sprachlos und fragte mich, wer diese Frau war und warum sie sich für meine Freilassung eingesetzt hatte. In der Bibel heißt es im Psalm 91,11–12: „Denn er hat seinen Engeln befohlen, dass sie dich behüten auf allen deinen Wegen, dass sie dich auf den Händen tragen und du deinen Fuß nicht an einen Stein stoßest." Ich habe immer daran geglaubt, dass es Engel in Verkleidung gibt, egal, wie schlimm unsere Umstände erscheinen mögen. Meine Freilassung bestätigt dies. Ich machte mich auf die Suche nach dieser Frau, die meine Befreiung ermöglicht hatte, aber sie war nirgends zu entdecken. Ich habe sie nie wieder gesehen seit diesem Tag. Ich war nun frei, aber ich konnte nirgendwo hingehen – im Alter von fünfzehn Jahren. Ich war wie eine wandernde Seele, nachdem ich so lange im Busch gelebt hatte. Ich besaß nur die zerfetzten Kleider auf meinem Rücken und meinen Freund Abdul als Gesellschaft, bei dem wir sicherstellten, dass seine amputierte Hand sich nicht infizierte.

Schließlich kamen wir zur Stadt Magburaka und wurden zu heimatlosen Straßenjungen. Ich schlief auf Veranden von Leuten, auf verlassenen Bänken, unter Markttischen, in Mini-Läden oder überall dort, wo mein ausgelaugter Körper es bequem zum Schlafen fand. Ich bettelte für Lebensmittel, wusch Geschirr in lokalen Garküchen im Austausch gegen Essen. Später fand mich meine Stiefmutter und sie war selbst in schlechter Verfassung. Sie war finanziell ihrer Guthaben beraubt und schickte mich los, all ihre persönlichen Habseligkeiten wie Halsketten, Ringe und Kleidung zu verkaufen, allein um Essen für uns zu kaufen. Sie brachte mich in die Stadt Masingbi, wo ich eine Freundin meiner Mutter traf, die dabei half, meine Mutter zu informieren, dass ich noch lebte. Später kehrte ich zu meiner Mutter nach Freetown zurück.

Ich war immer noch erst 15 Jahre alt, hatte aber unaussprechliches Grauen erlebt. Im Laufe der Jahre von 1997 bis 1998 hatte ich das Leben eines Kindersoldaten gelebt, eines flüchtenden Kindes im Busch, eines Vagabunden ohne Aufgabe und eines Kindes der Wunder. Es gab so viele schmerzhafte Erinnerungen und Bilder von all dem, das ich gesehen hatte, aber meine Mutter erlaubte mir nicht, meine Zukunft auf meine Vergangenheit aufzubauen. Ich bin ihr für immer dankbar für die Opfer, die sie brachte, um mich wieder in die Schule schicken zu können. Einer ihrer Jobs war es, Steine für den Verkauf zu zerkleinern. Sie heuerte normalerweise starke Männer an, die mithilfe von brennenden Reifen, die auf Felsen gelegt wurden, Felsen knackten. Danach verkleinerte sie die Stücke für den Verkauf an die Bauindustrie.

Manchmal ziehen wir voreilige Schlüsse und geben unserer Verzweiflung leicht nach, selbst wenn unsere Verzweiflung mit unserer Berufung in Einklang steht. Aus diesem Grund wäre es unklug, daraus zu schließen, dass Menschen mit zerrütteten Leben oder Hintergründen keinen Unterschied machen würden. Eines der Versprechen des menschlichen Glaubens in Bezug auf die Heilige Schrift ist, dass es immer Hoffnung gibt, selbst in den riskantesten Situationen.

Es war schwer für mich, einfach wieder in die Gesellschaft zurückzufinden mit all dem, was ich durchgemacht hatte. Zum Glück kannte niemand wirklich meinen Hintergrund, so konnte ich zur Schule gehen, ohne stigmatisiert zu werden. Ich konnte mich in die Gesellschaft wieder integrieren, auch wenn es ein langsamer Prozess war. Langsam begann ich, meine Geschichte zu teilen in einem offenen Forum unter der Ermutigung eines Priesters, der für mich wie ein Vater wurde und mich ermutigte, meine Geschichte zu erzählen. Monsignor Dan Sullivan möge in Frieden ruhen. Er war für mich so wichtig, dass ich meine Tochter nach ihm benannte, Daniella. Ich lernte ihn im Jahr 2011 kennen, als ich bei der Caritas Freetown angestellt war. Er ist die Inspiration zu meiner Autobiografie.

KAPITEL 8

Menschlich sein in der Menschheit

Mein erster Job als Aktivist in der Non-profit-Welt in einem humanitären Programm im Rahmen des Economic Justice Program der NMJD war erfüllt von dem aufrichtigen Wunsch, zu einer Stimme für die Stimmlosen zu werden. Dies führte dazu, dass ich mit weiteren renommierten Institutionen wie dem Center for the Coordination of Youth Activities (CCYA = Zentrum für die Koordination von Jugendaktivitäten) und der Women's Refugee Commission (WRC = Frauenflüchtlingskommission) sehr eng an kritischen Themen arbeitete. Und zwar als beratendes Mitglied für das Programm der außerschulischen Jugendinitiative, welche mit ihrer Interessenvertretung den Sitz in New York, USA, hatte. Ich spielte aktive Rollen, indem ich den verschiedenen Anliegen der Jugendlichen im ganzen Land eine Stimme verlieh.

Diese Anliegen reichten von Themen wirtschaftlicher und sozialer Ungerechtigkeit über sexuelle Gewalt, Vergewaltigung, unfaire Behandlung durch Rechtsvollstrecker, Diskriminierung, Entbehrungen, Drogenmissbrauch, Kinderhandel, Kinderarbeit bis zu häuslicher Gewalt und familienrelevanten Problemen. Die Liste wurde immer länger. Ich hatte zudem die Gelegenheit, als Vorstandsmitglied für die anerkannte Organisation ENCISS (Globaler Zusammenschluss von Menschen, Kirchen und lokalen Organisationen, welche für Würde, Gleichheit und Gerechtigkeit arbeitet) zu dienen. Dort wurde ich mit Aufgaben als Jugendanwalt für Themen von nationalem Interesse zwischen jungen Menschen und staatlichen Akteuren betraut.

Als überzeugter Anhänger der Ideale der sozialen Gerechtigkeit des Aktivismus beeinflusste ich die meisten meiner Handlungen so, dass sie auf die eine oder andere Weise zur nationalen Entwicklung beitrugen. Es gab 2006 eine bestimmte Zeit, in der ich gemeinsam mit anderen Institutionen eine aktive Rolle spielte und mich dafür einsetzte, dass unsere Regierung die nationale Jugendpolitik, welche zu der Zeit relativ veraltet war, überarbeitete. Ich machte ergreifende Erfahrungen durch zahlreiche Zitate, Artikel und Sendungen in Freetown und der Welt ingesamt, welche in Übereinstimmung mit anderen Organisationen liefen, um sicherzustellen, dass es bei der nationalen Jugendpolitik ein Facelifting gab, welches am Ende des Tages, obwohl herausfordernd, dennoch gut im Parlament lief.

Die bisherige Jugendpolitik stammte aus dem Jahr 2003, also kurz nach dem Krieg, hatte aber bald ausgedient, weil sie die zahlreichen neuen Realitäten, welche in der Nachkriegszeit in Sierra Leone erlebt wurden, nur unzureichend widerspiegelte. Einige der Realitäten waren deutlich sichtbar in der täglichen Beschäftigung mit vielen Jugendlichen, die direkt oder indirekt vom Krieg betroffen waren und posttraumatische Belastungsstörungen erlebten. Dies zeigte sich in einer Zeitperiode, in der gewalttätiges und randalierendes Verhalten von jungen Menschen an der Tagesordnung war. Die gesamte Nation benötigte Heilung und völlige Reparatur. Da ich in einer Gesellschaft mit einem hohen Grad von Analphabetentum aufgewachsen war, erlebte ich aus erster Hand, wie Jugendliche die Zielscheibe für Manipulation durch Politiker wurden.

Durch meine Teilnahme an verschiedenen Aktivitäten, die sich an Jugendliche richteten, bestand die Möglichkeit, diesen Menschen eine starke Stimme zu geben, welche die Sorgen der Jugendlichen einfühlsam ansprach. So wurde ich zu einer der aktiven Stimmen, die sich gegen Aktionen von Jugendlichen aussprachen, welche zu Gewalt führen und eine weitere Instabilität in unserer vom Krieg sowieso schon zerrissenen Nation schaffen würden. Dazu nutzten wir unterschiedliche Medien wie zum Beispiel Radio und Fernsehen, um die Denkweise der zukünftigen Führungskräfte zu reformieren und zu stabilisieren.

Meine Aktionen legten den Fokus vor allem darauf, junge Leute durch Programme zu führen, die ihrem Identitätsgefühl als Bürger von Sierra Leone einen Mehrwert und eine tiefere Bedeutung gaben sowie sie motivierten, in konstruktiven Dialog miteinander zu gehen. Als Teil des Koordinationsteams, das die Einstellung der jungen Menschen reformieren wollte, führte mich meine Tagesroutine von Slums zu Ghettos, zu alten und verlassenen Gebäuden in verschiedenen Teilen des Landes. Ich traf auf die unterschiedlichsten jungen Leute, die durchgängig erschütternde und düstere Geschichten zu erzählen hatten. Diese Gespräche zielten darauf ab, von ihnen Rückmeldungen zu erhalten, um ihnen mögliche Schritte oder Ideen vorzuschlagen, die unserer Meinung nach fruchtbar wären. So wäre es möglich, humane Standards gegen die Last von bitterer Armut, Ungerechtigkeit, Korruption und so weiter zu setzen.

In den meisten unserer Überlegungen spielten wir Aufnahmen unterschiedlicher politischer Akteure und Individuen in hohen Positionen ab, die ernsthaften Unmut äußerten bezüglich Gewalt und der daraus resultierenden Konsequenzen. Der überwiegende Teil der Politiker, die wir auf Band hatten, lehnten schnell ab, sobald sie gefragt wurden, ob sie ihre Kinder oder enge Familienmitglieder zu Gewalt und Ausschreitungen ermutigen würden. Wir benutzten diese Aufnahmen, um die ernste Frage zu stellen: „Wenn ein amtierender Minister (m/w) nicht bereit ist, seine Kinder zu politischer Gewalt zu ermutigen, sind Sie bereit, auf die Straße zu gehen und sich an politischer Gewalt zu beteiligen und somit Ihr Leben und Ihre Zukunft zu beeinträchtigen?" Die Antwort darauf war immer ein Nein!

Traurigerweise war das in der politischen Geschichte unserer Nation nicht in allen Wahlkampf-Kampagnen der Fall. Hier gibt es dokumentierte Fälle von Gewalt und unnötigen Todesfällen bei fast allen Wahlen, üblicherweise ausgeführt von rivalisierenden politischen Parteien, die „teile und herrsche" predigen, was unweigerlich dazu führt, dass Bestimmungen des demokratischen Grundsatzes und Prozesses unterdrückt und untergraben werden. Dies waren die Art von Situationen, die den größten Teil meiner Zeit beanspruchten, während ich meine Ansichten zu Fürsprache und Aktivismus vertiefte; Gelegenheiten, relevante Themen mit einem gewissen Sinn für Humor zu diskutieren, mit Vertrauen und in einem interaktiven Dialog zwischen uns, den Mediatoren und den jugendlichen Befragten.

Unsere kollektiven Bemühungen haben mit Sicherheit bis zu einem gewissen Grad die gewalttätigen Tendenzen und Ausbrüche geschmälert, welche die im Jahr 2007 bevorstehenden allgemeinen Wahlen gestört hätten. Doch wir haben die elektronischen und Printmedien ständig mit Programmen beschäftigt, welche die Beteiligung von Jugendlichen an Gewalt im Land verurteilten.

Mein Engagement wuchs mit der Zeit weiter und ich begann eine Ahnung von der Erfüllung zu bekommen, welche mit dem Dienen einhergeht. Eine der Organisationen ist die Caritas Freetown, wo ich 2008 als Büroassistent startete. Mithilfe harter Arbeit und Hingabe sollte sich das erst viel später ändern. Nach ein paar Jahren der Arbeit wurde ich 2013 zum Programm-Manager befördert. Es gibt ein Sprichwort in der Geografie: „Je höher man aufsteigt, desto kühler wird es".

Wie auch immer, die Arbeit für eine Non-Profit-Organisation ist ein anderes Ballspiel und steht im kompletten Gegensatz zu dieser geographischen Andeutung. Mein Aufstieg kam mit einer Menge von positiven Opfern während meiner frühen Einbindung in die Gemeinschaft. Mein Engagement war so groß, dass ich direkt oder indirekt in fast alle Projekte der Organisation mit eingebunden war. Obwohl ich bei den meisten Unternehmungen keine finanzielle Vergütung erhielt, war mein primäres Ziel, mehr über soziale Arbeit zu lernen und mich einzuarbeiten in etwas, was ich leidenschaftlich gerne tat.

Nach meiner mehrmonatigen Tätigkeit als Programm-Manager bekam ich Kontakt zu einer wunderbaren Frau, die mein Leben sehr beeinflusst hat. Sie wurde an mich verwiesen für einige Interviews, die ich mit ihr führen sollte, während sie in Freetown eine Untersuchung über demokratische Prozesse im Land plus die Beteiligung von glaubensbasierten Institutionen an humanitären Aktionen durchführte. Die Interviews und Diskussionen mit ihr vertieften meine Kenntnisse und gaben mir viele Einblicke in die Grundlagen der Arbeit von Non-Profit-Organisationen.

Am Ende unseres letzten gemeinsamen Interviews hatten wir ein langes privates Gespräch, in dem sie mich informierte, dass es wunderbar wäre, wenn ich mich für einen Kurs über humanitäre Studien an der Fordham Universität in den USA bewerben würde.

Sie bestand darauf, dass es ein Kurs wäre, der für Professionelle konzipiert und einen Versuch wert wäre. Nach reiflicher Überlegung entschied ich mich, die Gelegenheit, meinen Horizont zu erweitern, am Schopf zu packen und bewarb mich für ein Diplom in Humanitärer Hilfe. Zu meinem Glück wurde ich an der Fordham Universität zugelassen und schloss mein Studium mit einem hervorragenden Ergebnis ab. Ermöglicht wurde mir dies durch die Healey International Relief Foundation sowie die Universitätsverwaltung durch eine ihrer hochgeschätzten Lehrerinnen, die mir wie eine Schwester wurde: Dr. Melissa Labante sowie auch Brandan Cahill, dem Direktor des Instituts für Humanitäre Hilfe.

Die Lektüre von Zeitschriften und Artikeln sowie Projekten, die auf verwandten Disziplinen basieren, half, meinen Horizont zu erweitern. Ich erlangte viel Wissen, welches dazu beitrug, meine Berufung, der Menschheit zu dienen, zu formen und zu diversifizieren. Es brachte mich in die Position, ein fundiertes Urteil über zahlreiche Situationen zu fällen, die mit meinem Job einhergingen.

Nach meiner Rückkehr nach Hause verdoppelte sich mein Engagement, da meine Stellenbeschreibung mich mit Besprechungsplänen, Terminen, Projektentwürfen und deren Entwicklung, Umsetzung und Einhaltung von Fristen konfrontierte – genug, um jene abzuschrecken, denen es an Leidenschaft und moralischer Stärke für diesen Beruf fehlte. Manchmal entsteht eine Situation, in der unser Glaube und unsere Hingabe für die Menschheit in Frage und auf die Probe gestellt wird; bei manchen Projekten stoßen wir auf so viel Kritik und Undankbarkeit derer, die scheinbar endlose Zeit damit verbringen, sich nur um sich umd die eigenen Belange zu kümmern, sogar nach aufrichtiger und selbstloser Zuwendung von unserer Seite. Aber wenn man sich auf eine von Leidenschaft getriebene Reise begibt, wird selbst das furchterregendste Hindernis zu einem Erfolgserlebnis. Die Natur und der Kontext meines Rufes (Berufung) ist eine der Selbstlosigkeit und als ich in einer Gemeinde nach der anderen für eine Organisation nach der anderen gearbeitet habe, vertiefte sich meine Interaktion und sie blühte mit der Zeit auf, während ich meine Neigung, aufrichtige und dauerhafte Beziehungen aufzubauen, vervollkommnete. Dies war das Fundament der vielen Erfolge, welche ich bisher erreicht habe. Bei vielen persönlichen Begegnungen war das Ausloten der Chancen auf innigere Bindung mit anderen ein fundamentales Prinzip in meinem Leben. Bescheidenheit, Ehrlichkeit und der Geist von „Ubuntu", einem Zulu-Ausdruck, der wörtlich „Einheit und Liebe füreinander" bedeutet.

Das spricht natürlich nicht gegen Vorsichtsmaßnahmen, die sich auf Integrität und das Setzen von persönlichen Grenzen beziehen, sondern bezieht sich auf einen inneren Instinkt im Umgang mit den Grundwerten, welche die Würde der Einigkeit aufrechterhält, an welche die Natur und das Universum uns binden.

Fokus und Engagement – für welches Lebensziel auch immer – bringen genug Inspiration, uns eine dauerhafte Erfüllung zu geben, während wir unsere Rollen spielen, um die verlorene Würde von Mutter Natur wiederherzustellen. Wir benötigen Inspiration, etwas zu tun; ob groß oder klein – und sollten uns konzentrieren und dazu verpflichten, mit der Einstellung, etwas verbessern zu wollen. Wenn wir unsere kollektiven Bemühungen, das Leben anderer zu verbessern, einsetzen, dann strahlen wir ein Gefühl von Zielstrebigkeit auf andere aus. Wenn wir dem Ruf folgen, einander mit Empathie, Würde und Respekt zu dienen, bestrahlen wir unser wahres Selbst für die endlosen Möglichkeiten, die uns mit auf den Weg gegeben werden, um unsere Welt zu einem besseren Ort zu machen.

Als Programm-Manager für die Caritas in Freetown habe ich immens dazu beigetragen, die Menschen über das Ebola-Virus, das mein geliebtes Sierra Leone ab dem ersten Fall am 24. Mai 2014 verwüstet hat, aufzuklären. Ich habe mich leidenschaftlich für ein Ende dieser Epidemie eingesetzt, die das Leben zahlreicher Menschen in Sierra Leones forderte. Meine Kampagnen führten mich zu Schulen, Kirchen und in Nachbarschaften. Am Ende jeder Kampagne mussten wir gemeinsam mit einem Team von 275 Ehrenamtlichen aus den Gemeinden Händedesinfektionsmittel, Seife und Chlor an Einheimische und andere Beteiligte spenden.

Viele Leute waren der Meinung, dass Ebola nicht real wäre und diese Leute zu überzeugen war eine große Herausforderung. Einige davon haben Geschichten erzählt, dass medizinisches Personal und Regierung unter einer Decke steckten und das Virus menschengemacht ist. Dies passierte vor allem in den frühen Perioden des Ausbruchs, als die Sensibilisierung sehr schlecht war und Verdächtige und Patienten in Behandlungszentren gebracht wurden, nur um von ihren Familien und Freunden nie wieder gesehen zu werden. Stigmatisierung war auch eine große Bedrohung während der Ebola-Zeit. Menschen wurden vor allem stigmatisiert, sobald ihre Häuser unter Quarantäne gestellt wurden oder wenn Familienmitglieder verdächtigt wurden, mit dem grausamen Ebola-Virus infiziert zu sein.

Als eine Organisation mussten wir zahlreiche überzeugende Leute durchgehen. Wir begannen aufzuatmen, als wir begannen, die Ebola-Überlebenden der Nation zu zählen. Um die Leugner zu überzeugen, zeigten wir ihnen Filme und Fotos von Ebola-Überlebenden und brachten sie sogar mit Überlebenden zusammen.

Wir Mitarbeiter der Caritas Freetown konnten ohne Ausnahme die Gemeinden unterstützen, indem wir die Bedürftigen während der Quarantäne mit Lebensmitteln versorgten, Kontaktsuchen durchführten, den Überlebenden und ihren Familien psychosoziale Unterstützung boten, zusätzliche Entlastungspakete schnürten und eine Reihe von Bewusstseinsförderungsmaßnahmen und Gemeindeförderungen durch religiöse Führer, einflussreiche Gemeindevertreter und andere Beteiligte durchführten. Partner wie Healey International Relief Foundation, die deutsche Caritas, Manos Unidas, FADICA, die katholische Mission, Australien, AGEH, um nur ein paar zu nennen, halfen der Caritas Freetown immens bei der Durchführung der oben genannten humanitären Maßnahmen.

KAPITEL 9

Ein neuer Morgen bricht an

Die Lektüre von Motivationsgeschichten aus dem wirklichen Leben hat mich berührt und mir gezeigt, dass wir trotz scheinbar unbezwingbarer Hindernisse auf unserem Weg immer weitermachen sollten. Nach all den Strapazen, mit denen wir uns herumschlagen müssen, gibt es immer wieder Momente des Aufatmens und der Gewissheit, nicht alleine zu sein. Andere hatten Wasser mit Untiefen auf ihrem Pfad, konnten aber ihren Kopf oben halten und ihre Fehler unter dem Beifall der Menschheit korrigieren.

Eines der ersten Dinge, die ich als Jugend-Animateur bei NMJD machte, war, bei der Koordination eines Besuches von britischen Studenten zu helfen, die als Freiwillige für Christian Aid UK arbeiteten. Diese Studenten untersuchten ein von der Organisation finanziertes Projekt. Ich wurde mit der Aufgabe betraut, ihr Reiseleiter zu sein und ihnen zu helfen, sich in die durchzuführende Forschungsarbeit einzuarbeiten. Diese Interaktion erwies sich als sehr nützlich, da es mir eine Möglichkeit bot, unterschiedliche Einsichten in die Aspekte der Jugendarbeit zu gewinnen und außerdem mein Netzwerk zu erweitern und meinen Horizont.

Kurz, ich lernte eine Menge von diesen Studenten. Ich erfuhr, dass die Leute unterschiedlich gefärbte Ansichten zu Jugendfragen und deren wichtiger Rolle in der Entwicklungslandschaft jeglicher Nation haben.

In Sierra Leone, dem religiös tolerantesten Land der Welt trotz aller Herausforderungen, könen Muslime und Christen unter einem Dach zusammenleben und vieles gemeinsam unternehmen. Konfessionsübergreifende

Eheschließungen sowie geschwistergleiche Beziehungen sind hier tägliche Praxis. Beide Glaubensrichtungen haben in ihren Bestrebungen stets Raum für Frieden und Dialog gelassen.

Und dies ist ein großer Motivationsfaktor, weshalb sich religiöse oder glaubensbasierte Organisationen mit Leidenschaft dafür einsetzen, Sierra Leone zu einem besseren Ort zu machen. Sobald es eine humanitäre Krise irgeneiner Art gibt, setzen sich die Organisationen zusammen, um die Notlage der einfachen Bürger unseres Landes zu lindern.

Die Türen von Kirchen, Moscheen, Tempeln und religiösen Organisationen sind immer offen für Menschen in Not. Dort werden Hilfsgüter verteilt, die Leben retten könnten. Diese Einheit zeigte sich nach dem brutalen Krieg, dem Ebola-Ausbruch und den Überschwemmungen mit Schlammlawinen in Freetown 2017 deutlich.

Nach drei Jahren, die ich mit NMJD verbrachte, wechselte ich 2007 den Job und ging zu einer anderen Nichtregierungsorganisation, dem Zentrum für die Koordination von Jugendaktivitäten (CCYA) als Programmassistent.

Ein großer Teil meiner Arbeitsplatzbeschreibung bestand in Interessensvertretung; darin, Jugendliche zu mobilisieren, Projekte zu entwerfen, potenzielle Spender bzw. Partner ausfindig zu machen und außerdem mit Spendern (Unternehmen, Institutionen und Einzelpersonen) Kontakt aufzunehmen, um deren Interesse am Umfang des jeweiligen Projektrahmens verstehen zu lernen. Die Routine und Erwartungen gehen bis zur Aufschlüsselung des Budgets, dem erwarteten zeitlichen Projektrahmen und der Umsetzung der Fristen.

In meinem neuen Job traf ich auf einen großen Mix aus Leuten mit unterschiedlichem akademischen und sozialen Hintergrund. Meine Rolle war genau definiert und meine Zurückhaltung und Eigeninitiative gaben mir genug Einfluss, um mich in das größere Gefüge der Dinge einzufügen. Mehr über die Programmplanung zu lernen war ein großer Schritt, den ich tun musste, da von mir erwartet wurde, klar begründete Interessenvertretung vorzunehmen, Ministerien und Agenturen zu verpflichten, zu lernen, Spender zu finden, Veranstaltungen zu planen, Vorschläge zu entwickeln, Jugendgruppen in Slums, Ghettos und Elendsvierteln zu besuchen, neue Methoden der Spenderakquise zu entwickeln und so weiter. Ursprünglich rechnete ich mit mehr als fünf Monaten, bis ich alle Einzelheiten verstehen würde. Aber mit genügend Anleitung und Einsatz brauchte ich nur knapp zwei Monate, um mein Aufgabengebiet fest im Griff zu haben. Je mehr ich in meinem Job verankert war, desto mehr Möglichkeiten öffneten sich für mich. Ich muss zugeben, dass ich während meiner jetzigen Tätigkeit teilweise zwei Schienen bediente: Die Women's Refugee Commission (Frauenflüchtlingskommission), bei der ich als Jugendberater im Rahmen des außerschulischen Jugendinitiativenprogramm arbeitete und die National Electoral Watch (NEW, Nationale Wahlbeobachtung), einer zivilgesellschaftlichen Organisation, bei der ich als nationaler Krisenkoordinator tätig war.

Sobald ich die Routine im Griff hatte, genoss ich jede Minute, die ich im Rahmen meiner Arbeit verbrachte. Ich hatte die Gelegenheit, zahlreiche internationale Reisen in verschiedene Länder Afrikas und Europas zu unternehmen.

Meine Tätigkeit beschränkte sich nicht nur auf die Jugendförderung und Programmgestaltung. Ich nahm immer wieder an verschiedenen Workshops, Seminaren und Konferenzen zum Thema Kapazitätsaufbau im In- und Ausland teil.

In meinem Bestreben nach herausragenden Leistungen war ich Teil des Förderungsteams, das sich aktiv für den Aufbau einer nationalen Jugendkommission (National Youth Commission, NYC) einsetzte. Mit dem Ziel, mehr Bereiche des humanitären Aktivismus zu erobern, verabschiedete ich mich im Jahr 2009 nach zwei gemeinsamen Jahren herzlich von CCYA und wechselte als Projektmanager zur Caritas Freetown.

Während meiner Arbeit dort war ich zunächst eingebunden in ein Projekt zur Vermittlung von Lebenskompetenzen für Schulkinder aus verschiedenen Gemeinden. Die Arbeit mit Kindern kann ein weiteres interessantes Feld sein, weil diese einem so viel ungehemmte Liebe und Respekt entgegenbringen, dass es geradezu überwältigend sein kann. Ihnen die Basisstrategien beizubringen, die uns helfen, uns unterschiedlichen Veränderungen anzupassen, passiert während der jugendlichen Entwicklung. Ihr Bestreben zu lernen, zu spüren, versetzte mich zurück in meine Schulzeit und ließ mich darüber nachdenken, warum ich nicht so begeistert war wie sie.

Es gab Momente, die mein Herz mehr berührten, als alles, was ich je vorher gefühlt hatte. Die Arbeit mit Kindern machte mich demütiger, als ich je war. Ich realisierte, dass die Erziehung von jungen Geistern für mich mehr war als mich nur beschäftigt zu halten. Es wurde zu meiner Leidenschaft und der Gedanke in seiner Gesamtheit befriedigte mich. Jeder mit Kindern verbrachte Tag, an den ich mich erinnern kann, füllt mein Herz mit Freude und Wertschätzung und hinterlässt einen dauerhaften Eindruck. Zu Beginn benötigte ich viel Geduld, mich mit ihnen hinzusetzten und ihnen Konzepte in den einfachsten Begriffen zu erklären. Bei Kindern ist es besonders hilfreich, Erklärungen mit zahlreichen Beispielen und Bildern zu untermalen.

Allmählich überwanden wir die anfänglichen Hindernisse und es wurde zu einer richtig angenehmen Erfahrung. Kinder sind sehr unschuldig; sie überschütten dich mit so viel Liebe und Zuneigung. Ich hatte bereits begonnen, mich verbunden zu fühlen mit diesen wundervollen Seelen, die immer lächeln, während sie mit dir sprechen. Ich fühle mich gesegnet, weil ich die Möglichkeit hatte, einige Zeit mit ihnen zu verbringen und ihre Leben ein wenig zu verändern. Obwohl ich dort nur kurze Zeit arbeitete, haben wir uns gut verstanden und jeder etwas Einfluss auf das Leben des anderen genommen. Ich kann versichern, dass Kinder brillante Ideen haben, was sie im Leben sein wollen. Aber sie benötigen Schützenhilfe, um den Pfad ihrer Träume gehen zu können. Ich gab ihnen, was ich mir leisten konnte: Wissen, um Größe zu erreichen.

Bei meinem Aufstieg vom Projektmanager zum Programm-Manager in den folgenden Jahren war es keine Überraschung, dass sich meine Loyalität im Dienste der Menschheit schneller bezahlt machte, als ich gedacht hatte. Persönlich glaube ich, dass das, was mir wirkliche Freude macht und mich auch Stolz fühlen lässt, kein sechsstelliges Einkommen ist, also nicht ein hohes Einkommen per se, sondern Ebola-Überlebenden Hoffnung und Trost geben zu können: z. B. einem Kind, das durch die gerade beendete Ebola-Epidemie zum Waisen wurde. Oder einem unterernährten Kind, das sich in einen gesunden Jungen verwandelt, der sein Leben aus eigener Kraft wieder lebenswert macht. Wie ein Sprichwort sagt: *„Die Schönheit des Lebens hängt nicht ab von persönlichen Erfolgen, sondern davon, auf wie viele Gesichter du ein Lächeln zaubern kannst ..."*

Aufgrund meiner eifrigen Beiträge zum Dienst an der Menschheit wurde ich Teil eines Forschungsprogrammes einer Recherchegruppe namens Humanitarian Policy Group mit dem Titel „Leben in der Vergangenheit". Ich war Vorstandsvorsitzender der Initiative für Kinder- und Jugendinititativen und war kürzlich auch Vorstandsmitglied bei ENCISS. Der Vorstand hat die Aufgabe, das ENCISS-Team zu beraten, die vom Unterausschuss für Zuschüsse empfohlenen Gelder zu genehmigen und die Ziele des Programms zu unterstützen.

Im Jahr 2012 wurde ich zum Inlandsmanager der Healey International Relief Foundation (HIRF) und später zum offiziellen Sprecher derselben. In diesen drei Funktionen bin ich bis heute tätig. Die HIRF wurde 2001 gegründet nach dem US-Recht 501(c) (bestimmter Typ von gemeinnützigen Handelsgesellschaften), um die Lebensqualität von bedürftigen Einzelpersonen und Familien in benachteiligten Ländern zu verbessern. Sierra Leone, ein von einem Bürgerkrieg und ungünstigen sozioökonomischen Bedingungen betroffenes Land, war genau der richtige Ort dafür. Der Fokus der Stiftung auf Sierra Leone war der dynamischen Inspiration des verstorbenen Monsignore Daniel Sullivan geschuldet.

Monsignore Sullivan traf Joseph Ganda, den Erzbischof von Sierra Leone, am Ende des elfjährigen Bürgerkrieges, der das Land verwüstet hatte, zum ersten Mal. Eine enge Freundschaft und Verbundenheit brachte zwei Kräfte zusammen, die ihr Licht auf ein Land warfen, von dem die Wenigsten vorher gehört hatten. Durch diese Freundschaft erfuhr die Familie Healey von der Notlage dieses westafrikanischen Landes und der Brutalität, mit der die Bevölkerung, vor allem Frauen und Kinder, dort behandelt wurden.

HealeyIRF verwirklichte einige der ersten Projekte im Land: das St. Mary's Home for Children (Kinderheim), St. Stephen's Home for Amputees (Heim für Amputierte) and Serabu Hospital. Im Moment unterstützt HealeyIRF das Charity Health Network, Programme für Waisen und gefährdete Kinder, medizinische Hilfsgüter und Spenden und sozioökonomische sowie kommunale Entwicklung.

Die Details waren enorm und für einen Jungen, der die extremsten Situationen erlebt hatte, ist diese Vorstellung überwältigend. Von einem Knaben zum Mann, von einem Kindersoldaten zu einem Vertreter des Humanitätsgedanken, vom Kunden zum Berater, vom Begünstigten zum Wohltäter – es lässt keinen Zweifel daran, dass die Zukunft jenen gehört, die an sie glauben.

KAPITEL 10

Lektionen des Lebens

Manchmal sagen Leute zu uns genau zum richtigen Zeitpunkt etwas und verändern damit unser Leben für immer positiv. Vielleicht ist es nur Zufall, vielleicht ist aber alles auch Teil eines großen Gesamtplans. Ich glaube, dass wir jedem Menschen aus einem bestimmten Grund begegnen. Von jedem dieser Menschen lernen wir etwas, egal, wie klein oder groß die Lektion ist. In den vorherigen Kapiteln habe ich ausführlich erzählt, wie mein Aufstieg von der Pike auf vorangegangen ist und wie meine widerstandsfähige Grundhaltung mir in jungen Jahren geholfen hat, die Herausforderungen des Lebens zu meistern. Ich möchte meine Erfahrungen mit den Prinzipien, die mein Leben bisher bestimmt haben, mit meinen Lesern teilen in der Hoffnung, damit deren Herzen zu erwärmen und zu segnen:

Leitprinzipien des Lebens

- Die Anziehungskraft der Schwerkraft
- Physikalische Grenzen
- Wahlmöglichkeiten und Entscheidungen
- Angst vor dem Versagen
- Verlust des Ziels
- Zweifel an Gott

Die Anziehungskraft der Schwerkraft

„Es ist leichter zu fallen als aufzustehen,
leichter, etwas zu brechen als es zu erschaffen,
leichter zu versagen, als erfolgreich zu sein."

Mein Naturwissenschaftslehrer pflegte zu sagen: „Die Schwerkraft ist eine Kraft, die Objekte im All zueinander hinzieht und auf Erden alles in Richtung des Erdmittelpunkts, also zu Boden, zieht." Der englische Gelehrte wird folgendes hinzufügen: Die Schwerkraft ist ein ernster Begriff. Er bezieht sich auf die Ernsthaftigkeit von etwas, das im Hinblick auf seine ungünstigen Folgen betrachtet wird. Andere Synonyme sind Feierlichkeit und Ernsthaftigkeit in der inneren Einstellung oder im Verhalten einer Person.

In unserem Streben nach Erfolg in den verschiedenen Bereichen unserer Begabungen sollten wir uns der Existenz einer angeborenen Kraft bewusst sein, die uns tendenziell zurückhält, völlig egal, wie viel Bewusstsein oder auch Unwissenheit wir mitbringen. Obwohl die Kraft abstrakt ist, ist sie massiv und bedeutsam, hat also auch Macht und Einfluss, wenn wir sie ignorieren oder es unterlassen, die Maßnahmen zu ergreifen, die ihre Auswirkungen mildern würden. Zu dieser Kraft gehören die plötzlichen und abstrakten Gefühle der Trägheit, die Vergänglichkeit des menschlichen Lebens, die Effekte des Aufschiebens plus die offenen Herausforderungen, die uns auf dem Weg zu unseren Zielen formen, um nur einige zu nennen.

Konzentriere dich auf den Höhepunkt

„Die Augen sind da, um zu sehen,
der Geist ist da für die Visionen."

Das Leben ist ein Geschenk, das die Menschheit annehmen soll. Manche Leute werden arm, taub oder blind geboren, aber das ist deshalb nicht das Ende ihrer Geschichte. Die Wegstrecke zu Größe ist niemals einfach; man muss im Leben so einiges durchmachen. Erlaube nie anderen Menschen, dich auf etwas festzunageln. Jedes Menschenleben hat einen Tropfen Größe in sich.

Gib nie deine Träume auf! Als Kind, Jugendlicher oder Erwachsener – halte dir vor Augen, dass du nicht Teil der Entscheidung warst, wer du bist. Du kannst nur Teil dessen sein, wenn du es versäumst positive Veränderungen zu machen. Wie es bei den Philippern 4:6 steht: „Sorgt euch um nichts ...!" Das ist ausreichend.

Durch den göttlichen Plan ist jeder Mensch für eine besondere Aufgabe bestimmt. Umso nachdenklicher macht es, wenn man bedenkt, dass das Schicksal von den Menschen bestimmt wird und die Aufgabe von unserem Schöpfer. Die Erreichung unseres Geschicks ist ein ernsthafter Prozess, der unsere aktive Beteiligung durch unser gesamtes Leben erfordert. Dazu gehört, dass wir etwas tun oder uns engagieren. Wenn wir unsere Ziele nicht erreichen, liegt das meist an der Ignoranz, einem schleichenden und abstrakten Feind, welcher nur durch die Kenntnis unserer Bestimmung vertrieben werden kann! Um unsere Bestimmung herauszufinden ist es wichtig, dass wir zu jeder Zeit ein langsames, sicheres und beständiges Vertrauen in unser Ziel oder unsere Berufung haben.

Bei der Geburt strengt sich jedes Kind an, seine Augen zu öffnen, um uns wissen zu lassen, dass wir sie immer offen halten müssen; dies erfordert natürlich einiges an Anstrengung auf unserer Seite. Jeder Wunsch oder jedes Ziel sollte mit einem offenen Blick und einem fixierten Gesichtsfeld verfolgt werden. Einen konstanten und fokussierten Blick zu halten, beeinflusst unsere Wahrnehmung, besonders, wenn wir es mit einer positiven Einstellung und darauf ausgerichteten Handlung tun.

Zugegeben, die Natur bietet uns alle erdenklichen Möglichkeiten, um unsere Wünsche zu erfüllen. Es ist wichtig, dass wir unsere Rolle in einer nicht verletzenden Weise und mit einer passenden Haltung spielen. Jeden Tag, den wir unter freiem Himmel verbringen, verändert sich unser Fokus durch unsere Erfahrungen (im guten oder schlechten Sinn). Um sein Bestes zu geben, muss ein Schauspieler seine Rolle beherrschen – durch effektiven Einsatz, Proben und einen festen Blick.

Unser Fokus ist auf die Wahrnehmung unserer Bestimmung gerichtet. Als Darsteller mit speziellen Rollen müssen wir uns darum bemühen, sie mit einem klaren Ziel auszuführen, um die Spitze zu erreichen. Die Spitze zu erreichen schließt allerdings nicht aus, dass wir die uns gebotenen Chancen abwägen müssen, vor allem angesichts der sich wandelnden Trends unserer Zeit. Die Welt mit einer boomenden technischen Entwicklung ist derzeit geplagt von sich abzeichnenden Umständen, die eine Chance zur Trendwende Trendwandel darstellen.

Technologische Fortschritte haben aber auch für eigenartige Begleiterscheinungen gesorgt – vom Klimawandel zu einer Flut von Kriegen, das politische und ökonomische Debakel, Naturkatastrophen – dies und viel mehr sollte uns eine Ahnung davon geben, warum wir unseren Verstand unbeirrt und fokussiert halten müssen, um die Spitze erreichen. Eine ständige Erneuerung unseres Fokus inmitten der sich entfaltenden Lawine und ein beständiger Blick auf mögliche Perspektiven, die wir wählen, um unseren Weg zu bahnen, können Kennzeichen für die Erfüllung unserer Bestimmung im Leben sein.

Selbstdisziplin

„Wenn wir uns selbst disziplinieren,
definieren wir uns selbst."

Selbstdisziplin bedeutet, zu tun, was wir zu tun haben
– auch ohne Ermutigung von anderen. Selbstdisziplin
gilt als eine der größten Eigenschaften und als entschei-
dender Aspekt, vor allem für alle, welche durch die
Übergangsphasen der Kindheit zum Erwachsensein
durchlaufen. Beide Entwicklungsstufen sind strate-
gisch, sie können beeinflusst werden von evolutionären
Konzepten, mehr noch, sie können einen in eine riesige
Zange nehmen und prägen in hohem Maße unser per-
sönliches Auftreten.

Studien zeigen uns, dass das Gebären und das
Aufziehen von Kindern eine Straße mit Gegenverkehr
ist und ein großes Maß an Disziplin erfordert. Nach dem
Durchlaufen der Phasen der Kindheit prägen bestimmte erlernte oder erworbene Charaktereienschaften unser
späteres Leben. Es ist hinreichend belegt, dass unser
Sein im Alter von 50 Jahren direkt damit zusammen-
hängt, wer wir in unserer Teenagerzeit waren.

Ein Tipp von mir: Mit Hilfe von motivierenden
Schlagwörtern wie Zuversicht, Ausdauer, Mut und
weiteren könnte ein angenehmer Standpunkt geprägt
werden, um durch die kurvigen Jahre zu kommen. Es
gibt keine Person, die dich besser motivieren, ermutigen oder inspirieren kann, als du selbst. Einfach ausge-
drückt haben wir einen größeren Anteil an der Art und
Weise, sowohl was den Blickwinkel betrifft als auch die
Dimension, wie andere uns inspirieren oder motivieren
können.

Logischerweise lassen wir uns von anderen inspirieren oder anspornen, aber es liegt an uns, das zu steuern

und das Beste daraus zu machen. Niemand kann uns besser motivieren und ermutigen als wir selbst und ebenso kann uns niemand besser disziplinieren als wir selbst.

Wenn wir uns selbst disziplinieren, sind folgende Ergebnisse sicher: wir definieren Grenzen (setzen Standards, oft mit Hilfe eines Mentors); wir stellen uns den Auswirkungen der Schwerkraft und trotzen ihr vielleicht auch – kontrolliere den Fall oder fallen kontrolliert. Wir könnten uns möglicherweise Feinde machen. Wir werden mit ziemlicher Sicherheit auch Zeugen von atemberaubenden Momenten werden. Vielleicht erleben wir auch ein Gefühl der Erschöpfung, welches wir aber mit unserem inneren Durchhaltevermögen ausgleichen können. Schließlich erheben wir uns über die Schwerkraft (das Fallen) und die damit verbundenen Auswirkungen.

Physische Grenzen

„Mache dir deine Talente zunutze und wende sie an,
um deine Träume zu erreichen"

Körperliche Grenzen und Einschränkungen können uns Steine in den Weg legen, wenn wir ihnen unsere volle Aufmerksamkeit schenken. Das heißt nicht, dass wir ihre Existenz völlig ignorieren sollten, sondern wir sollten uns bewusst werden, dass unsere Schwächen und Unmöglichkeiten durchaus auch zu unserem Vorteil sein können, wenn wir sie richtig nutzen. Es erfordert jedoch ein hohes Maß an Einsatz, um den paradoxen Gefühlen von Selbstmitleid, offener Zurechtweisung oder Abschreckung, die uns überwältigen, wenn wir unsere Einschränkungen bedauern oder ihnen nachgeben, zu widerstehen. Wenn wir diesen negativen Gefühlen nachgeben, geben wir ihnen totale Vorherrschaft über unsere Wünsche und Erwartungen. Gaben, manchmal auch Talente genannt, sind spezifisch für unsere Bestimmung, aber mit gleicher Macht, unser Leben angenehm und erfüllt zu machen.

Der härteste Teil ist, unsere Talente zu entdecken, was einen unverwässerten Einsatz, Inspiration und tiefe Meditation benötigt, um ihre glänzende Wirkung zum Vorschein zu bringen. Sie sind stärkend für unsere Seele und geben uns ein tiefes Gefühl von Zufriedenheit, vor allem wenn wir ihre Quelle realisieren. Gott gab der Menschheit Talente, aber es braucht Ausrichtung und Hingabe, um mit diesen Talenten zurechzukommen und ein nützliches Element der Menschheit zu werden. Jedes Talent, egal wie klein es sein mag, hat das Potenzial, auch die verblüffendste Einschränkung zu überwinden oder zu verändern.

Nutze deine Talente

Lionel Messi wurde als zu klein empfunden, um professioneller Fußballer werden zu können. Ja, er wurde mit einem Wachstumsfehler geboren, aber er stellte seinen Schöpfer nie wegen seiner Köpergröße in Frage. Er machte seine fehlende Körpergröße wett mit seinem Gespür und seinem Können als Profifußballer. Er gilt immer noch als einer der besten Fußballspieler unserer Zeit. Der als Stevland Hardaway Judkins geborene Stevie Wonder ist Musiker, Sänger, Songschreiber, Plattenproduzent und Multiinstrumentalist. Er ist als herausragende Persönlichkeit in die Halle des Ruhmes eingegangen. Ich muss niemanden daran erinnern, dass Stevie Wonder blind ist!

Diese Anspielungen habe ich gemacht, um zu verdeutlichen, dass wir dazu geschaffen wurden, um unsere Grenzen zu überwinden und nicht dazu, durch sie definiert zu werden! Bei beiden Fällen handelt es sich um Menschen, die ihre physischen Grenzen mit entgegengesetzten Werten verändert und überwunden haben.

Wir wurden als die höchste Schöpfung geboren: homo sapiens-sapiens (Mensch mit Intelligenz) und aus diesem Grund ist uns ein gewisses Maß an Gnade zuteil geworden, nämlich unsere Fähigkeiten. Wir sind fähig, das zu tun oder zu werden, wofür wir uns entscheiden, sofern wir aufhören, Entschuldigungen zu suchen. Lass uns aus unserer Komfortzone treten und danach streben, unser Bestes zu geben und zu sein! Wenn wir wirklich nach höheren Idealen streben, sollten wir alles daran setzen, unsere Ausreden zu hinterfragen und unser Bestes hervorzubringen. Ausreden sind Schleifen, aus denen sich Flops, abgelenkte Prioritäten und schludrige Hinweise auf Fehler und Mittelmaß ableiten lassen.

Wir müssen mit uns selbst beginnen, indem wir diese Grenzen durchbrechen – mit einem ersten Schritt! Sprich, wir müssen unsere Potenziale (= Bestimmung) entdecken, während wir die Orientierung suchen, um unsere Welt bunter zu machen (Schicksals-erfüllt). Selbstfindung wird beeinflusst von einem starken Wunsch begleitet von Hartnäckigkeit, meist verbunden mit ein paar Prüfungen, die sowohl obligatorisch als auch fundamental sind für unsere Bedeutung und die Vielfalt des Lebens. Es braucht also Chancen, um unsere Gaben zu entdecken, doch ohne Chancen ist es uns nicht möglich, unsere Gaben zu nutzen und gut zu hüten. Wenn wir unsere Gaben mit großer Sorgfalt nutzen, dann können wir sicher sein, alle Grenzen schnell zu überwinden.

Wahlmöglichkeiten und Entscheidungen

„Erfolg besteht nicht darin, keine Fehler zu machen, sondern darin, sie kein zweites Mal zu begehen."

Beides – Wahlmöglichkeiten und Entscheidungen – sind willentliche Aktionen, das heißt, sie werden mit Bewusstsein ausgeführt. Eine Wahl ist ein Akt der Auswahl zwischen zwei oder mehr Möglichkeiten oder eine *Entscheidung* für ein Ding, eine Person oder eine Handlungsweise, welche Vorrang anderem gegenüber hat. Auswahl ist eine Handlung der *Entscheidung*, zu einem Ergebnis zu kommen oder ein Urteil zu fällen oder etwas, was jemand *erwählt*, um sich entscheiden zu können, unter Berücksichtigung aller möglichen Wahlmöglichkeiten. Im Oxford Advance Learner's Dictionary wird im Kontext dasselbe Wort verwendet, was uns zeigt, dass es keine zwei Möglichkeiten gibt! Wählen wie Wahl, entscheiden wie Entscheidung! Wir können also die unwiderrufliche Schlussfolgerung ziehen, dass wir uns mit ganzem Herzen auf beides einlassen, wenn die Situation es erfordert.

Manchmal im Leben ist es so, dass unsere guten Entscheidungen uns den Kopf hoch halten lassen und schlechte Entscheidungen uns den Kopf hängen lassen. Doch auch das Umgekehrte ist wahr. Wie auch immer wir uns entscheiden, es ist in Ordnung, wenn wir es sagen. Die Ergebnisse werden besser von uns definiert oder verändert; das heißt, in Bezug darauf, wie wir uns ihnen gegenüber verhalten und wie wir unsere Beschlüsse nach außen präsentieren. Unser Verhalten gegenüber der schlechtesten Wahl oder Entscheidung bestimmt, wie wir aus der Sache herauskommen. Um schlechte Entscheidungen zukünftig zu umgehen, ist es

Voraussetzung, diese Erfahrungen der falschen Schritte im Hinterkopf zu behalten!

Wahl und Entscheidung werden ziemlich gleichzeitig ausgeführt und zwischen den beiden gibt es keine feine Linie. Eine Wahl ist jedenfalls grundlegend für eine Entscheidung, weil beide die gleiche Bedeutung haben. Eine positive und erhebende Lösung für jede Situation, welche von uns als falsch akzeptiert wurde, erweist sich als der schnellste und vermutlich sicherste Weg, die damit einhergehenden Depressionen zu mindern, wenn wir über das Schlechte brüten. Die unerträglichen Auswirkungen einer Depression überwiegen die flüchtigen Emotionen, die wir vielleicht erleben, wenn wir uns zu unserer Wahl und Entscheidung bekennen.

Treffe kalkulierte und weise Entscheidungen

„Kalkulierte Risiken einzugehen ist etwas völlig anderes als überstürztes Handeln."

Man könnte sich fragen, was braucht es, um dies zu tun? Nun, es ist ganz einfach. Ich möchte eine Geschichte teilen, bevor ich das enthülle. Die Geschichte handelt von einem Farmer, der ein sehr hart arbeitender und fleißiger Mann war. Er hatte ertragreiche Ernten und seine Landwirtschaft entwickelte sich prima. Er hatte sich vom Besitzer eines kleinen Stückchen Landes zum Eigentümer fast eines Drittels seiner Stadt hochgearbeitet. Von allen wurde er beneidet. Als Menschen sind wir anfällig dafür, uns immer mehr einzubringen und zu tun. Er war selbstsicher und machte Angebote für eine größere Erweiterung. Seiner Meinung nach war er aus dem, wie es war, herausgewachsen und wünschte sich viel mehr. Er wollte das Zehnfache seines jetzigen Besitzes. Dieses Vorhaben kam vielen zu Ohren, die verschiedene Plätze anzubieten hatten, aber bis zu dem Tag immer abgelehnt worden waren.

Eines Tages kam ein junger Mann aus einer fernen Stadt und bot eine Parzelle eines Landes an, welches er von seinem Vater geerbt hatte. Der Bauer war entzückt von der Beschreibung und machte seinem neuen Geschäftspartner zu Ehren ein prächtiges Fest. In den frühen Stunden des darauffolgenden Tages brachen sie auf, um zu diesem zwei Stunden entfernten wunderschönen Grund zu gelangen. Es war 7:00 Uhr und die Sonne erklomm den Horizont. Als der Bauer diesen Landstrich sah, stieß er einen Seufzer der Erleichterung aus und begann sofort zu feilschen. „Was ist dein Preis?", fragte er. Der junge Mann, der recht entspannt war, entgegnete ruhig: „Nichts. Ich bin gewillt, dir dieses Stück Land umsonst zu überlassen." Der Bauer war überrascht. Seine Augen drangen aus den Höhlen, als wenn er sein Todesurteil gehört hätte. Er konnte seinen Ohren nicht trauen. Er stellte sich vor, was in aller Welt diesen jungen Mensch dazu getrieben hatte, ein Vermögen zu verschenken!

Er stand sprachlos, weil dieses Land so groß war; ungefähr so groß wie 160 normale Fußballfelder. Als er sein Gleichgewicht wieder gefunden hatte, fragte er erneut: „Sind Sie sicher?" Der junge Mann entgegnete bestimmt, aber mit einer gewissen Warnung: „Ja, allerdings unter einer Bedingung! Ich gebe dir diesen Stock, mit der du die Stelle markieren kannst, an der dein Land enden soll, ausgehend von hier, wo wir stehen. Du musst nur vor Sonnenuntergang wieder zurück sein." Der Bauer war so erfreut und jubelte über diesen Handel. Der junge Mann erinnerte ihn noch einmal daran, dass er, wenn er es nicht schaffen sollte, vor Sonnenuntergang zurück zu sein, alles verlieren würde, was er hatte. Der Bauer sagte hastig zu!

Es war 7:30 Uhr, als er mit seinem Stock von dannen zog. Er tänzelte und dachte sich schon aus, welche Feldfrüchte er denn anbauen könnte. Er ging und ging, meditierend und es war 12:00 Uhr. Er ging immer weiter und bevor er es verinnerlichte, war es 15:30 Uhr. Nun hielt er an, um einen Moment nachzudenken. Er war so weit gekommen, war aber noch zu keinem *Entschluss* gekommen, noch hatte er eine *Wahl* getroffen! Er blickte zum Himmel; die Sonne war langsam am Untergehen, also entschied er, zurückzugehen und tat dies mit einer großen Hast. Er rannte und rannte! Er rannte, so schnell ihn seine Beine trugen. Es war 16:30 Uhr. Er rannte und rannte weiter. Es war 17:30 Uhr; er war völlig erschöpft und immer noch sehr weit weg. Er hielt and, um nach Luft zu ringen und siehe da, was er sah! Ich brauche diese Geschichte nicht zu beenden ...

Die obige Geschichte malt ein lebhaftes Bild über unser Ziel im Leben und unsere Wahl und die Entscheidungen, die wir treffen. Der Bauer betrachtete den Markierungsstock als Enttäuschung. Er dachte an das Geschäft, seine Landwirtschaft und sein Vermögen und wie weit er von der Mitte entfernt war. Er konnte es sich nicht leisten, diesen Stock als Grenzmarke zu setzen und er konnte es sich nicht leisten, alles, wofür er gearbeitet hatte, zu verlieren, aber er war einen Vertrag eingegangen. Er war schockiert, zu realisieren, dass er alles verloren hatte. Am Ende konnte er diesen Schock nicht aushalten und fiel tot um.

Lass uns die Geschichte des Bauers und seines Wohltäters vergleichen. Das Stück Land, die Welt; der Bauer, die Menschen; der Stock, unsere Bestimmung; der junge Mann, eine Chance oder Wohltäter; der Zweck einer Reise, unser Schicksal!

Wenn wir eine Chance im Leben ergreifen und eine Wahl treffen oder eine Entscheidung, bewirken wir damit eventuell eine Veränderung. Bei jedem kleinen Teil von Bewertung hoffen wir immer, das Beste aus jeder Wahl oder Entscheidung herauszuholen. Um das Beste zu bekommen, müssen wir einen beliebigen Führer involvieren, der uns hilft, unseren nötigen Weg zu gehen – das ist, wenn wir Führung suchen, meist göttlich, uns zu helfen, unseren Weg zu gehen. Hier übernimmt Gott in derselben Weise, wie der junge Wohltäter es getan hätte, hätte der Bauer ihn darum gebeten. Natürlich kann ein Grundstück nach dieser Beschreibung (ähnlich wie die Welt) kaum jemals von jemandem alleine bewirtschaftet und gesichert werden. Wenn wir Gott unsere Wahl wissen lassen, dann wird er immer involviert sein, egal, was passiert. Du magst dich vielleicht im Kreis drehen, aber du wirst niemals einen falschen Weg einschlagen! Wir können dies auf die Erfahrungen beziehen, die wir jeden Tag erleben; Wahl und Entscheidung.

Wenn sich uns eine Möglichkeit bietet, eine Wahl zu treffen, werden wir gleichsam mit Angst konfrontiert, manchmal gemischt mit Furcht und Ratlosigkeit (welche alle zusammenwirken, um uns von einer Entscheidung zurückzuhalten). Wenn wir es versäumen, einen göttlichen Führer einzusetzen, ist das Resultat, dass Visionen und gut durchdachte Pläne scheitern, einfach, weil wir die *Wirkung(en)* und den *Eigner* der Zeit nicht ehren.

Tatsache ist, dass *Zeit* unentbehrlich ist, auf niemanden wartet und vor allem den periodischen Rhythmus (Tag und Nacht, Schlafen und Wachen, Geburt und Tod, tagtäglich ...) formt; es ist weise, den *Eigner* immer zu erkennen. Der Eigner der Zeit ist bestens in der Lage, ihre Verwendung festzulegen. Wie in dem pathetischen Fall des Bauern, der sich von den zahlreichen Perspektiven, die wir glauben zu genießen, hinreißen ließ – ohne die Bestimmung, für welche wir geschaffen wurden und die verblüffenden Überraschungen, die im offenen Gelände lauern, zu bedenken.

Die unersättliche *adamitische* Natur in uns sehnt sich immer nach mehr. Wenn uns mehr gegeben wird, können wir nicht alles haben, sondern müssen unsere Entscheidungsfähigkeit einsetzen. Als der Bauer herumtanzte, plante er so exzessiv, dass er den Zweck seiner Reise ignorierte; auf die gleiche Weise ignorieren wir manchmal den Zweck unseres Lebens. Jedem von uns werden die gleichen Chancen gegeben: dem Bauern, dem Menschen, das Stück Land, die Welt! In dem Maß, in dem der Bauer seine Bestimmung (Grund des Seins) und seine Rolle (Stab für die Markierung

– unsere Gaben oder Requisiten, um uns auf der Bühne zu halten) ignorierte, hat er einen schweren Verlust erlitten.

Wir werden in eine Welt geboren aufgrund einer Wahl und einer Entscheidung. Als Kinder des Universums sollten wir darauf achten, Wahlen bzw. Entscheidungen zu treffen, die später von unserem Unterbewusstsein gewürdigt werden; egal, ob sie gut oder schlecht sind, ob durch ein Diktat oder einen Impuls. Sie sollten durch unsere Reaktion interpretiert werden, welche in den meisten Fällen positiv sein sollte. Die Tatsache, dass wir uns immer gerne an gute Ergebnisse anpassen, zeigt, dass wir auch in der Lage sein sollten, die schlechten und hässlichen Ergebnisse mit einer positiven Geisteshaltung zu würdigen und anzunehmen. Ein schlechtes Ergebnis nicht anzuerkennen ist der riskanteste Teil; die Tatsache, dass diese Erkenntnis mit Schmerz und ungebührlicher Verlegenheit einhergeht.

Eine andere Allgemeingültigkeit hat die Tatsache, dass die meisten falschen Entscheidungen oder Wahlen, die wir treffen, eine impulsive und elektrisierende Wirkung haben. Eine Wirkung, die sich rasend schnell auf Geist und Stimmung auswirkt und mit Lustlosigkeit verbundene Effekte nachahmt. Die Macht der Dominanz, welche von schlechten Ergebnissen ausgeht, ist viel größer und hält sich für eine beträchtliche Zeitspanne, anders als solche mit guten Ergebnissen.

Wie in verschiedenen Bereichen unserer Berufung ist es eine logische Notwendigkeit, unsere Entscheidungen mit Vorsicht zu treffen und zu unserer Wahl zu stehen. Eine geheimnisvolle Kraft, welche zu unserem inneren Selbst spricht, sanftmütig und nicht leicht zu heroischen Handlungen hinzureißen, ist eine bessere Zäsur als jede Wahl, die wir treffen. Meist beruhen gute Entscheidungen, Wahlen oder Ergebnisse auf einem bewerteten und aufeinanderfolgenden Denkmuster. Die Beziehung zu einem Wohltäter und einem göttlichen Wesen wie Gott erfordert einen Anstieg an Geduld, der zu gegebener Zeit und nicht plötzlich kommt.

Zu Beginn, wenn wir Ihn (Gott) ins Bild bringen, sind wir gehalten, eine friedvolle und ruhige Lösung zu finden, um uns angemessen auf Seinen Willen einzustellen. Solch ein riskantes Unterfangen wird verziert durch die Versicherung, dass Er einen schlechten Ausgang in einen guten umdefinieren kann. Sich darauf zu verlassen und auf eine Antwort zu warten, die ausgerichtet auf den Glauben ist, ist sehr sinnvoll, um entschlossene Entscheidungen oder eine Wahl zu treffen. Eine andere Tatsache ist, dass die Optionen, die wir immer suchen, sich meist offenbaren in der Stille unseres Geistes, wo sie uns zu einem unbeirrten Vorgehen mit einer positiven Einstellung bringen. Das ist möglich, wenn wir das Risiko eingehen, zuzuhören und auf sanfte Eindrücke in unseren Herzen zu warten.

Vermeide stille Killer

„Suhl dich nicht im Schlamm des Schmerzes"

Stille Killer sind persönliche Angelegenheiten, die wir so sehr bereuen, dass wir manchmal zu schüchtern oder peinlich berührt sind, um sie mit anderen zu teilen. Sie häufen sich tagein tagaus und werden in allen Formen größer, bis sie eine zu große Bürde werden, um sie zu tragen. Vielleicht ist in der Vergangenheit etwas passiert, das uns jedes Mal einen Schauer über den Rücken laufen lässt, wenn es wieder zum Vorschein kommt. Es ist in Ordnung, sich Gedanken zu machen, aber erlaube diesen nie, dich zu dominieren. Der Mensch ist ein Geist. Das ist der Grund, warum unsere Stimmung von verschiedenen Umständen beinflusst werden, nicht aber von unserem Schicksal. Wenn solche Gedanken zu uns kommen, müssen wir sie würdigen und sie in Positives umwandeln. Sie passieren, um andere zu segnen und nicht, um uns zu zerstören. Völlig egal, wie verabscheuungswürdig die Umstände oder die Situation gewesen sein mag, bade nicht in Selbstmitleid, wenn du darüber nachdenkst.

Wenn man in Bedauern oder Mitleid über eine schlechte Vergangenheit badet, gerät man schnell in Depression, welche alle Glücksgefühle auffrisst und einen mit nichts als Traurigkeit, geringem Selbstbewusstsein, schlechter Konzentration, Schlaflosigkeit und sogar Selbstmordgedanken zurücklässt. Stell dir vor, wofür wir sorgen, wenn wir den stillen Killern erlauben, von uns Besitz zu ergreifen! Wann immer schlechte Gefühle in uns übernehmen, sollten wir sie willkommen heißen und im Gebet erwähnen. Wir können jedes unserer Gefühle in ein glückliches verwandeln; indem wir einfach unser Innerstes durchforsten und das Blatt

wenden, indem wir eine positive Geisteshaltung bei-
behalten. Indem wir wiederholt so handeln, können
wir uns Komfort und Glück zu einem günstigen Preis
kaufen.

Studien haben ergeben, dass man Glück ohne die
entsprechende Konstruktion im Kopf nicht erreichen
kann. Dies soll uns zeigen, dass Glück nur in uns selbst
gefunden werden kann. Wenn wir es nicht in uns
selbst finden, ist es unmöglich, es woanders zu finden.

Diese unangenehmen Gefühle (stille Killer) werden
aufgehellt werden, bis sie sich völlig im Nebel auflösen,
wenn wir sie an Gott weitergeben. Erzähle Ihm alles,
Er kann sicherlich deine Geheimnisse bewahren. Sag es
nicht den Menschen ...!

Vermeide Doppelmoral

„Wenn du für nichts stehst, fällst du auch für nichts."

Menschen, die mit zweierlei Maß messen, sind janusköpfig. In der römischen Mythologie wurde Janus, der Gott der Anfänge, der Vergangenheit, der Zukunft und des Friedens – neben anderem – traditionell mit zwei Gesichtern dargestellt, da er zwei Köpfe auf einem Körper hatte. Diese Köpfe waren auf der Nackenscheibe miteinander verbunden, was ihm erlaubte, in beide Richtungen zu sehen. Doppelmoral meint aber auch zweierlei Gesinnung, zwei Persönlichkeiten und so weiter. Entscheide dich, so zu sein, wie du bist, ohne deine Integrität zu gefährden. Unser physisches Verhalten macht auf die eine oder andere Weise unsere Persönlichkeit aus und hilft dabei, dass wir von anderen wahrgenommen werden. Es ist wichtig, dafür einzustehen, woran wir glauben und was wir vertreten; setze dich dafür ein und tue es ohne jede Form von Böswilligkeit.

Die menschliche Persönlichkeit und unser Ruf sind eingebettet und werden zumeist erkannt als Merkmal; daher sollten wir sowohl unser äußeres als auch unser inneres Erscheinungsbild mit aller Aufmerksamkeit behandeln. Unser Geist spiegelt unser Bild wider und stellt es dar. Das Bild, welches wir nach außen zeigen, ist die physische Umsetzung unseres Geistes. Freude, Schmerz, Sieg, Niederlage – alles entspringt unserem Geist und überträgt sich auf andere Sterbliche durch die physischen Bilder, die diese sehen. Dieses Bild begründet auch unsere Gewohnheiten, das, was andere sehen und mit dem sie sich physisch verbinden. Für die meisten Leute ist es lustig und abenteuerlich, eine Doppelmoral zur Schau zu stellen und sie denken, sie seien gut darin – aber nur für kurze Zeit!

Das Spiel mit der Schuld – Warum ich?

„Würdige Gott, indem du die Situation akzeptierst"

Höre auf, dir die Schuldfrage zu stellen! Oh Gott! Warum ich? Wenn du mit einer Aufgabe oder Situation konfrontiert wirst, frage dich selbst: *„Liegt es an mir?"* bevor du fragst *„Warum ich?"*. Du könntest damit konfrontiert werden durch eine spezielle Situation oder einen andauernden Umstand, welcher nur von dir angegangen werden kann. Es liegt an uns, jeden Mut und alle Kraft zu bündeln, um die Herausforderungen verbunden mit unserer Aufgabe oder Situation zu bewältigen. Das mag in keiner Weise einfach sein und es kommt darauf an, den Gottglauben und den Glauben an sich selbst zu verbinden. Um eine Situation zu ändern, bedarf es einer bleibenden Hingabe unsererseits, diese kommt durch Geduld und Beharrlichkeit. Wenn wir entschlossen sind, eine Änderung herbeizuführen, daran glauben, an ihr arbeiten, wird sich definitiv etwas ändern.

Die Macht, jede Situation zu ändern, liegt bei uns – Akzeptanz ist der erste Schritt, Entschlossenheit der zweite und Glaube ist der letzte und größe Schritt. Vergeude keine Zeit zu fragen „Warum?", sondern nutze mehr Zeit mit Dankbarkeit bzw. dem Danken; dies zieht automatisch Seine Aufmerksamkeit auf sich. In allen Situationen ermahnt uns die Bibel, Gott zu danken und zu würdigen! Er weiß am besten, warum Er dies gesagt hat. Definitiv weißt du das gestern und hoffentlich auch heute, wagst aber über die Zukunft nichts zu sagen! Wir können kaum in die Zukunft blicken. Sei entschlossen, jede Situation zu ändern, indem du Ihn im Gebet bittest, deine Entscheidungen zu lenken und zu verbessern.

Melde dich an in der Schule der Irrtümer

„Der hartnäckigste Irrtum ist besser als es niemals zu versuchen."

„Mache deine eigenen Irrtümer und lerne deine eigenen Lektionen."

Die Schule der Irrtümer ist für jeden obligatorisch. Es ist bewiesen, dass die erfolgreichsten Menschen Fehler gemacht haben; einige von ihnen haben unzählige Fehler gemacht oder Fehlschläge erlebt, die sich nun als Zeugnisse erweisen. Das Schulgeld ist frei, aber ich wette, du wirst mit Auszeichnung abschließen, wenn du nur zwei Dinge während des Unterrichts tust: Sei *fokussiert* und *entschlossen!*

Lass uns dazu kommen, was uns heute täglich erfreut – die Glühbirne. Thomas Edison war der erste Wissenschaftler, der die Glühbirne entwickelte. Er machte zweitausend Versuche, welche zweitausendmal fehlschlugen! In einem seiner Interviews, in denen er gefragt wurde, wie er sich fühlte, als er immer wieder Rückschläge erlebte und die Glühbirne nach zweitausend Versuchen noch nicht brannte, antwortete er: „Ich bin nicht zweitausendmal gescheitert, beim Versuch, die Glühbirne zum Leuchten zu bringen, ich habe zweitausend Möglichkeiten gefunden, die Glühbirne nicht leuchten zu lassen." Aus seinen Fehlern ist er mit Auszeichnungen hervorgegangen und konnte am Ende eine funktionierende Glühbirne produzieren.

Das bedeutet nicht, dass man, wenn man Fehler macht, keinen Erfolg haben kann. Nein! Tausendmal Nein! Tatsächlich sind Fehler fundamentaler Bestandteil unseres Schicksals und unseres Lernens. Die Besonderheiten dabei, ein erfolgreiches Leben zu führen, schließen Fehler und Misserfolge nicht aus. Erfolg selbst hat so viele offene Türen für Fehler und Misserfolge; beides hat sich letztendlich als das Markenzeichen der meisten Erfolge erweisen. Sie halten uns fokussiert und entschlossen, unsere eigenen Lektionen zu lernen. Wir sollten nicht zulassen, dass unsere Fehler unsere Träume zerstören.

Angst vor dem Scheitern

„Erkenne sie alle drei: deine Flops, Misserfolge und Ungeschicklichkeiten"

Angst bedeutet, sich zu fürchten, zu erschrecken, sich zu sorgen, verängstigt zu sein. Es ist grundsätzlich ein unangenehmes Gefühl, welches sich aus der Möglichkeit der Gefahr, des Schmerzes, einer Bedrohung und so weiter speist. Du brauchst dieses Gefühl nicht und musst es mit aller Kraft bekämpfen. Wenn du dich vor Misserfolgen fürchtest oder nicht offen für Vorwürfe bist, dann bist du nicht bereit, dich für den Aufschwung zu positionieren. Unser Schöpfer hat uns mit der Fähigkeit ausgestattet, mit unserer Furcht umzugehen, wie es in dem Wort heißt: *„Gott hat uns nicht den Geist der Furcht gegeben, sondern den der Liebe, der Kraft und des gesunden Verstandes"*. Furcht ist die Plattform, welche der Feind oder die Ablenkung sucht, denn sie ist Hauptbestandteil einer Strategie zur Dominanz und Kontrolle unserer alten Denkmuster. Es will uns immerzu eingesperrt haben an einem Ort mit dem Geist von Niedergeschlagenheit, der Ablehnung und all dem Negativen, das die Gnade unserer Bestimmung umfasst.

In dem Maß, in dem Luzifer oder Satan seine Grazie als das schönste Geschöpf verlor, wurde er eifersüchtig auf die Gnade, die uns nun erfreut und er bemüht sich sehr, uns Menschen niederzuringen. Eine seine sichersten Strategien ist die Entfaltung unserer hässlichen Vergangenheit, was uns das Gefühl gibt, weniger zu sein, als wir sind und uns deshalb ängstigen!

Wenn wir uns fürchten, wird fast sofort der Feind mit seinen Lausbubenstreichen aktiv, während unser Glaube deaktiviert wird; dies missfällt Gott – denn ohne

Glauben können wir Gott nicht gefallen. Ein auffälliger Unterschied ist, dass Glaube springt, aber Furcht kriecht; der Glaube begeistert, die Furcht lässt uns eingehen. Beides sind Gegensätze. Wir können unser Gewissen mit Glauben zufriedenstellen; eine wesentliche Zutat, welche nötig ist, um unsere Herzenswünsche zu erfüllen. Wir dürfen der Furcht nicht erlauben, uns die Gnade zu nehmen, die uns versprochen wurde, indem wir um etwas bitten und eine Belohnung dafür erhalten, bevor wir sie im Himmel bekommen.

All unsere Bedürfnisse wurden lange vor unserer Zeugung von unserem Schöpfer festgelegt. Es ist unvermeidbar, zu scheitern; daraus können wir so viel lernen. Die größte Ehre im Leben ist nicht, niemals zu fallen (oder zu fehlen), sondern jedesmal nach einem Fall (einem Fehler) wieder aufzustehen. In diesem Zusammenhang geht es eindeutig darum, einen gesunden Geist in einem gesunden Körper zu haben. Erhebe dich aus deinen Fehlern, merke dir die daraus gezogenen Lehren und regiere deine Welt!

Drei einfache Tatsachen über das Scheitern

Jedermann scheitert

• Nimm dich nicht aus; du bist bedeutsam.

Niemand genießt das Scheitern

• Lerne aus deinen Misserfolgen und hole das Beste aus ihnen heraus.

Die Reaktionen auf das Scheitern sind unterschiedlich

• Scheitern ist eine Waffe. So ironisch es klingt, Scheitern ist eine Waffe der Sebstauferstehung und nicht der Selbstzerstörung.

Es gibt zwei Arten des Scheiterns: Entweder du scheiterst *vorwärts* oder *rückwärts*. Wenn du *vorwärts scheiterst* sind folgende Ergebnisse möglich: du entdeckst dich selbst; du akzeptierst und schätzt und wirst zu einem Erfolgsmenschen.

Wenn du *rückwärts scheiterst*, ist folgendes möglich: du machst Ausflüchte; du machst andere verantwortlich, inklusive dir selbst; sie reagieren negativ und werden sozusagen zum Rächer. Hab keine Angst zu versagen, aber habe Angst davor, dich zu fürchten!

Kein Raum für Selbstgefälligkeit

• „Ein wenig Schlaf, ein wenig Schlummer bringt Armut!"

Wenn wir uns bemühen, einen Unterschied zu machen, sollten wir bereit sein, das zu tun, was es braucht. Ein bequemes Leben richtet sich ein und funktioniert in einem speziellen Bereich. Das soll nicht heißen, dass selbstgefällige Menschen nicht erfolgreich sein können, sondern lediglich die Tatsache herausstellen, dass man eine Menge Opfer bringen muss, wenn man eine Vision, ein Ziel oder Betätigung verfolgt. Vielleicht diese besondere Person, die du werden willst oder Dinge, welche du tun möchtest – du hast einiges dafür zu opfern. Wenn du für höhere Ideale aus deiner Komfortzone heraustrittst, wird dich das Universum in jeder Weise unterstützen. Es beschenkt dich mit unterschiedlichen Erfahrungen, Wissenszweigen und Werten, um dein Ziel und Streben zu einer Berufung zu machen. Dies sind die Blaupausen für ein erfülltes Leben und wir müssen diese auf jeden Fall nutzen, um uns abzuheben. Dies beginnt, wenn du die Grenzen überschreitest und Komfortzonen meidest.

Ein neugieriger und innovativer Geist ist ein rastloser – ständig bereit, die Grenzen zu überschreiten. Menschen sind die neugierigsten und innovativsten Geschöpfe Gottes. In diesem Sinne ist es immer weise, mehr zu wagen, mehr zu probieren und über den Horizont hinauszuwachsen. Unser Schöpfer hat sich immer weiterentwickelt zum besten Innovator und in dem Sinn, als sein Ebenbild, sollten wir ihm nacheifern.

Dieser Anspruch ist systematisch und wurde vom modernen Menschen bestätigt – aufrecht, clever und intelligent, „Homo Sapiens" genannt! Dies ist gerade genug, um zu behaupten, dass Gott nicht selbstgefällig ist und wir seinem Vorbild nacheifern müssen. Wenn wir uns von der Selbstgefälligkeit lösen, positionieren wir uns für eine Erwartung, die auf unserer Arbeit und Aufmerksamkeit beruht.

Als ich begann, meine Autobiografie zu schreiben, musste ich Zeit dafür opfern, was extrem wichtig ist, und ich hatte schlaflose Nächte, in denen ich Seite um Seite schrieb und tippte, was bedeutete, dass ich weniger Zeit mit meiner Familie verbrachte. An den Morgen nach langen Nächten musste ich mich sehr fit machen für das Büro.

Inmitten dieser Zeit erhielt ich unerwartet die Nachricht vom Ableben meiner lieben Mutter. Der Tod meiner Mutter am 09. Dezember 2016 war der schmerzlichste Moment meines Lebens. Nach Gott war sie diejenige, die mir alles gegeben hat, was ich brauchte, um ein erfolgreiches Leben zu führen. Sie war die mutigste Frau, die ich je kennengelernt habe. Ich erinnere mich daran, wie sie in schweren Zeiten standhaft dafür sorgte, mich das Licht am Ende des Tunnels sehen zu lassen. Als die Klauen des Todes sie mir entrissen haben, konnte ich den Schmerz kaum ertragen. Bis heute vergieße ich bittere Tränen, wenn ich an die guten und schlechten Zeiten denke, die wir gemeinsam durchlebt haben. Ruhe in Frieden, Mama!

Nutze entstehende Innovationen

„Früher war es die Schreibmaschine, heute ist es der Computer. Nur, damit du es weißt, das Morgen wird immer besser sein und Technologie ist bereit für einen Aufschwung."

Die Dynamik der Welt ändert sich mit jedem Ticken einer Uhr. Das Mobiltelefon und das Internet zum Beispiel sind wunderbare Erfindungen, die geografische Entfernungen auf einen Mausklick oder Fingertip reduziert haben. Es ist wichtig, unser Leben nachzurüsten und mit den sich entwickelnden Ereignissen Schritt halten. Zum Glück hat die Geschichte deutlich gemacht, dass sich der Mensch von der Altsteinzeit über die Mittelsteinzeit zur Metallzeit entwickelt hat. Ich bin mir sicher, dass dies modifiziert und auf eine andere Ebene gebracht wurde, das *„geistige Zeitalter"*, welches von großen Denkern vorbereitet wurde. Bleibe nicht außen vor! Das Heute geht dem Morgen voraus. Die Erfindungen von heute zu nutzen, rüstet dich für die morgigen Abenteuer, besonders die verblüffenden. Innovationen und Erfindungen ändern sich ständig, während die Zeit vergeht; daher ist es in diesem Zeitalter eine gute und produktive Idee, unser Leben mit jeder Erfindung aufzurüsten.

Verlust des Zieles – (Warum bin ich hier ...?)

„Definiere dich immer selbst ... Wenn du das tust, wird Gott dich qualifizieren, wenn nicht, werden die Menschen dich für null und nichtig erklären."

Viele wanderten durch ihr Leben, unsicher über seinen Zweck und skeptisch über ihr Schicksal. Sie haben sich im Kreis gedreht in der Hoffnung, den Lauf der Zeit zurückzudrehen. Die Zeit ist das unverzichtbare Element, das auf niemanden wartet, niemanden respektiert und daher ein Hauptbestandteil des täglichen Zyklus der beobachteten Aktivitäten ist. Wenn du es versäumst, die Zeit zu nutzen, wird die Zeit dich nutzen und bevor du dir bewusst wirst, bist du auf dem halben Weg in dein Grab.

Wenn du dich irgendwo wiederfindest, ob es nun an den Umständen liegt, welche diese Situation hervorgerufen hat oder nicht, sei dankbar, ein Kind des Universums zu sein, welches nicht weniger wert ist als die Sterne und Bäume. Wenn du an das Schicksal glaubst und dass du einen Platz in dieser Welt hast, sei dir sicher! Ein Platz, an dem du aufblühst, an dem alles, was du machst, gedeiht und wo du dich in völliger Bequemlichkeit zurücklehnen kannst. Wir haben Fortschritte gemacht und sind bis hierher gekommen. Nun ist es Zeit, den Mantel anzuziehen und dafür zu sorgen, den Gipfel zu erreichen.

Lebe nicht, um jemandem zu gefallen

„Das größte Geheimnis des Erfolges ist, das Leben auf seine eigene Weise zu leben.
Sei immer du selbst und andere werden dich sehen."

Die meisten jungen Seelen unterwerfen sich dem Diktat von Eltern und Freunden, welche ihre Leben in so vielen verschiedenen Weisen beeinflussen. Wir sollten die Verantwortung dafür übernehmen, was wir im Leben werden. Man sollte immer die Macht haben, Nein zu sagen, wenn es Nein heißt!

Wenn wir Seine (Gottes) Führung in Gebeten suchen, antwortet Er in unterschiedlichen Formen auf unsere Bitten (in Träumen, Visionen etc.).

Wenn wir in diese Welt hineingeboren werden, bestimmen wir niemals unsere Eltern, den Kontinent, die Religion und den Rest der Dinge, aber es ist eine Sache sicher – was du im Leben wirst, ist deine eigene Verantwortung. Erlaube es den Leuten nicht, dich hinunterzuziehen. Menschen wie Nelson Mandela, Barack Hussein Obama, Helen Keller etc. haben es niemals zugelassen, sie abzuschreiben. Heute sind sie Gallionsfiguren für den Rest der Menschheit. Du hast das Zeug dazu, an der Spitze zu stehen!

Laufe nicht im Hamsterrad

„Das Streben nach Glück ist kein Wettlauf. Früh zu starten heißt nicht, als erster ins Ziel zu kommen; und ein später Start bedeutet nicht, als letzter ins Ziel zu kommen."

Das Hamsterrad ist ein Lebensstil, bei dem jeder hart darum kämpft, erfolgreicher zu sein als die anderen. Erfolg ist ein Wunsch und jeder möchte erfolgreich sein. Die Frage ist also: „Wie wird man erfolgreich?" Sollten wir uns abrackern ... und unsere Leben damit verbringen, Krankenhäuser zu besuchen? Sollen wir über unsere Grenzen gehen und Reue hegen für Dinge, mit denen wir nicht leben können?

Du magst dich mit deinen Talenten in einem kleinen Unternehmen oder einem Beruf engagieren. Die Vorteile könnten erschreckend sein; die Gewinne könnten begrenzt und unattraktiv sein ... abwarten! Du bist auf dem richtigen Weg. Die Tatsache, dass die Vorteile oder Gewinne minimal sind, ist vielleicht ein Hinweis darauf, dass sie maximal sein werden. Sei entschlossen und investiere deine Zeit, Energie und Geld und sei beständig. Positive Resultate werden sich ganz sicher in Hülle und Fülle einstellen.

Beachte nicht die anderen, die sich hoch erheben, denn es ist wichtig, dass die Hühner niedrig spielen, während die Adler hoch fliegen. Wenn Hühner so hoch fliegen sollten, was würde aus der Hühnersuppe werden, oder aus den Eiern? Wir wissen, wie dringend wir Proteine benötigen, um unsere Körper zu ernähren und Hühnereier sind eine leicht zugängliche Quelle davon. Ich behaupte also, dass die Karriere, dein Beruf oder die Berufung, welche du als klein bezeichnest, gebraucht und auch immens geschätzt wird von den Menschen, die dich bevormunden, sei es eine kleine oder große Gemeinschaft. Also sei ruhig, laufe langsam, bleibe und alles wird wachsen!

Lerne dein wahres Selbst kennen

„Selbstentfaltung ist die beste und aufrichtigste Form der Erkenntnis."

Wir sind endgültig angekommen nach einer langen Reise, auf der wir die Leitprinzipien des Lebens herausgefunden haben und allen Widrigkeiten getrotzt haben, während wir uns selbst entdeckt haben – unsere Stärken und Schwächen. Du hast einen langen Weg eingeschlagen, nur, um dich zu entdecken! Herzlich willkommen und danke, dass du bei mir geblieben bist!

Ich wünsche mir, dass du folgendes machst:

Treffe dein wahres Ich!

Ein mächtiger Faktor, um man selbst zu werden, hat mit dir selbst zu tun: Mach den ersten Schritt!

Lass die Begeisterung deiner Kindheit wieder aufleben

Die Träume, die du als Teenager (früh oder spät) hattest, auch die, die durch Umstände des Lebens zerstört wurden, sollten dich nicht definieren. Du musst einfach weiter machen ...

Gib etwas zurück

Dies sollte eine Notwendigkeit im Leben sein. Du must lernen, der Menschheit etwas zurückzugeben, egal, ob es ein Lied, eine Geschichte, ein Ratschlag, ein Almosen für die Armen und Bedürftigen oder eine inspirierende Botschaft an Unterdrückte, Loyalität oder etwas anderes ist. Nichts ist zu klein, um es der Gesellschaft zu geben. Gib bis zu deinem letzten Atemzug. Bedenke, dass unsere Angebote nicht mit denen unserer Mutter Erde, unserer größten Schenkerin, verglichen werden können.

Eines ihrer Angebote für uns beinhaltet Zeit und Raum! Als Sterbliche nutzen wir ihre Zeit und den Raum sehr ausgiebig … die Auf und Abs, von Sonnenauf- bis Sonnenuntergang!

Entzünde deine Träume und halte die Flamme am Brennen

Entschlossenheit ist in unserem Leben ein motivierender Faktor. Je nachdem, wie entschlossen du bist, solltest du eine positive Einstellung zu allem haben, was du im Leben erreichen möchtest.

Ehre Gott mit deinem Leben

Dies ist das größte Vermächtnis aller Zeiten! Bei allem, was du tust, solltest du immer Zeit für den allmächtigen Gott haben. Er ist Anfang und Ende, der Eigner der Zeit, der Fels der Zeitalter ...

Glaube an Gott

Zahlreiche Studienbereiche und Fächer haben versucht, Erklärungen auf eine Menge Fragen (Rätsel) zu finden, die alle Generationen beschäftigt haben. Dies ist der wichtigste Aspekt auf unserer Reise zur Selbsterkenntnis. Es ist offensichtlich klar, dass bestimmte Dinge außerhalb unseres Verstandes existieren, die mit dem Begriff „übernatürliche Ereignisse oder Themen des Lebens" adäquat beschrieben werden. Das Übernatürliche bezieht sich auf ein Phänomen, das nicht durch Wissenschaft, Kunst oder Vernunft erklärt werden kann. Selbst, wenn wir vorschlagen können, eine Grundlage zu formen, existieren bestimmte Konzepte jenseites des menschlichen Verstandes. Dies sind die Mysterien des Lebens, die uns dazu drängen zu vermuten, eine „allmächtige, allgegenwärtige, allwissende Kraft" würde in der Natur existieren.

Wir sind im Kreis gelaufen, und mit sehr starker Überzeugung: Es gibt einen Gott! Die oben genannten Beispiele wurden deshalb angeführt, um den Schatten des Zweifels und den Nebel des Unglaubens zu lüften, der vielleicht darauf angelegt war, Seine Existenz in Frage zu stellen. Er wendet törichte Dinge an, um die Weisen zu verwirren. Er ist Weisheit, die nicht übertroffen werden kann. Obwohl Er Menschen erweckt, um Erklärungen für alle Bereiche des Lebens zu geben, beschließt Er unverkennbar, auch einige Dinge in einem Geheimnis zu verstecken. Du solltest nicht bezweifeln, dass es einen Schöpfer für Himmel und Erde gibt. Er ist Gott und Er lebt in dir!

Ich konnte dieses Kapitel nicht abschließen, ohne der heutigen Jugend einen feierlichen Rat zu geben. Ihr müsst nicht auf das Aufkeinem von etwas warten, bevor ihr es in Angriff nehmt. Bemüht euch, bei jedem Schritt des Prozesses dabei zu sein. Startet irgendwo, egal wie klein.

Ich habe meine Karriere gestaltet, indem ich begann, schon in der Schule ehrenamtliche Dienste zu übernehmen. Mein Praktikum beim NMJD hat meinen Horizont in Bezug auf die Dienste im Sinn der Menschlichkeit erweitert. Wohlgemerkt, ich begann als „Botenjunge" und habe meinen Weg nicht physisch, sondern mit der richtigen Einstellung, Ehrlichkeit, Selbstvertrauen, Engagement etc. durchgefochten, um die Anerkennung zu erhalten, die ich heute genieße.

Während du auf dem Weg zu Größe durchhältst, bleibe immer du selbst. Gib dem Egoismus keinen Raum. Bleibe bodenständig und für andere Menschen zugänglich. Stelle bei allem, was du tust, Gott an die erste Stelle!

Als humanitärer Arbeiter für Caritas in Freetown in der Funktion eines Programm-Managers und Kampagnenleiters für die gesundheitliche Notversorgung von Kindern und aufgrund meiner Leidenschaft, kranken Kindern zu helfen, werde ich stets von meinem Instinkt getrieben, mehr zu tun und das Leben unschuldiger Kinder zu retten, selbst, wenn das auf Kosten des Wohlergehens meiner eigenen Familie geht. Die Mittelbeschaffung für die Rettung von Kindern in Sierra Leone ist eine große Herausforderung, aber als humanitärer Arbeiter, der daran glaubt, dass seine Arbeit an erster Stelle steht, bin ich immer bereit.

Vom Kindersoldaten zum Menschenfreund, das ist meine Bestimmung!

Widmung

Ich widme dieses Buch all jenen, welche die Herausforderungen des Bürgerkriegs in Sierra Leone er- und überlebt haben, all den jungen Männern und Frauen, die gegen ihren Willen gezwungen wurden, Kindersoldaten zu werden. Ich danke Gott besonders für diejenigen von uns, die das alles durchgemacht haben und nicht zuließen, dass dieser Teil unserer Vergangenheit unsere Träume und Hoffnungen negativ beeinflusst.

Mein Werk ist auch meiner verstorbenen Mutter Madam Aminata Yomie Tejan, meiner Stiefmutter Frau Isata Songowa Charles und meinem verstorbenen Vater Abu Alfred Charles gewidmet, mögen ihre Seelen in Frieden ruhen. Ferner gilt meine tiefe Verbundenheit meiner geliebten Frau Isata Charles, die mich jeden Tag anfeuert und als Schreibkraft dabei hilft, meine verstreuten Skripte zusammenzusetzen. Zuletzt meinen Kindern, damit sie alle etwas über die Wege eures Vaters erfahren. Danke für all die Unterstützung an Mafereh, Aminata, Juju, Daniella, Kofi, Christiana und Uril

Tief in meinem Herzen möchte ich diese Arbeit zudem Monsignore Dan Sullivan widmen, der mich dazu inspiriert hat, meine Geschichte zu erzählen, und der auch den Titel dafür vorgeschlagen hat. Er ist kurz nach Beginn des Projekts von uns gegangen. Möge seine sanfte Seele in Frieden ruhen.

Danksagung

Zunächst danke ich Gott und gebe ihm die Ehre dafür, dass meine Träume wahr wurden. Ohne Ihn wäre mein Leben niemals so bedeutungsvoll gewesen.

Meine liebste Mutter, ich danke dir! Ich wünschte, du könntest jetzt mit mir hier sein. Aber ich bin ziemlich sicher, dass du an der Brust von Vater Abraham ruhst. Und ich bin mir sicher, dass wir uns einst in einer anderen Sphäre wieder treffen werden.

Die Zusammenstellung dieser Gedanken erforderte viele helfende Hände, um sie zu ihrem logischen Abschluss zu bringen. So ist es nur weise, all diesen unsichtbaren Händen, die diese Arbeit möglich machten, dankbar zu sein.

Ich bin Father Peter Konteh zu großem Dank verpflichtet für seine Ermutigung und Unterstützung, seit ich 2009 meine Arbeit bei Caritas Freetown aufgenommen habe. Dr. Elizabeth Klett dafür, dass sie dafür gesorgt hat, dass die deutsche Version dieses Buches übersetzt, fertiggestellt und veröffentlicht wurde; Daniela Brotsack für ihre Hingabe, mit der sie mir geholfen hat, alle Transaktionen ins Deutsche durchzuführen

Einen Dank an Monsignore Dan, der uns verließ, weiters an Benjamin Parra, Megan Smith, Robert Healey Sr. und Jr. Sowie allen Kollegen der Healey International Relief Foundation für die Inspiration und Unterstützung, Idriss Mansaray für die weitergehende Unterstützung. Ein besonderer Dank geht an Umaru Fofanah für das Korrekturlesen und die professionelle Gestaltung dieses Projekts im englischen Original.

Und schließlich kann ich meine Geschichte nicht erzählen ohne die unerschütterliche Unterstützung meiner Nichte, Frau Christiana Zainab Stevens, die mir während meines Diplomkurses am Fourah Bay College, welcher tatsächlich als Grundlage für mein akademisches und berufliches Sprungbrett diente, geholfen hat.

Melissa Labonte, PHD, meinen Dank dafür, dass sie mir in all den Jahren, seit ich sie 2012 kennenlernte, als Mentorin und Motivatorin diente.

Möge Gott Sie alle segnen und belohnen.

Was meine Kollegen und Freunde sagen

Aufgrund meiner leidenschaftlichen Beiträge zur Menschlichkeit sagen meine Kollegen und Freunde folgendes über mich:

Wuyatta Musu Genda, Projektbetreuer der Desert Flower Foundation:

Ich weiß gar nicht, wo ich beginnen soll, eine Persönlichkeit wie Ishmeal Alfred Charles zu beschreiben. Für mich ist er wie ein großer Bruder und ich habe ihn kennengelernt, als ich vor etwa 8 Jahren bei Caritas Freetown zu arbeiten begann. Er ist immer gut aufgelegt und gastfreundlich. Er ist sehr initiativ und immer bereit, zu helfen. Ich denke, er ist der größte Aktivposten von Caritas Freetown.

Kumba Gando Caritas Freetown:

Ishmeal Alfred Charles ist sehr bodenständig im Umgang mit seinen Mitarbeitern. Er ist ein exzellenter Fürsprecher speziell im Bereich der Gesundheitsversorgung von Kindern. Er ist mein Vorgestetzter, mit dem ich sehr zufrieden bin. Er ist immer bereit, zu helfen. Seine humanitäre Arbeit hat viele Leben in unserem Land und darüber hinaus beeinflusst.

Eliza Sillah, Projektleiterin Caritas Freetown:

Ishmeal Alfred Charles war die Person, die mich dazu motivierte, fest für Caritas Freetown zu arbeiten, als ich der Organisation als Freiwillige beitrat. Man kann ihn Ishmeal Alfres Charles nennen, aber ich nannte ihn immer Morgan Heritage (eine berühmte

Reggae-Gruppe aus Jamaica), ein Spitzname wegen seiner Liebe zum Rastafari-Vibe. Er ist sehr leidenschaftlich, wenn es um den Aspekt humanitärer Einstellung geht. Er ist immer offen für jeden und glaubt fest an Teamwork. Er will alle glücklich sehen. Ishmeal liebt seine Mutter innig und er bezieht sich auf sie bei den meisten Diskussionen im Büro und außerhalb. Er ist ein fröhlicher Geber und ich kann bestätigen, dass er seinen Lohn dafür verwendet, um Kindern in gesundheitlichen Notsituationen zu helfen. Egal, wie stark der Druck ist, er ist immer gelassen, wenn er über Sachverhalte spricht.

Idriss Gibson Mansaray, Projektmanager Caritas Freetown:

Ishmeal Alfred Charles ist mir nicht nur ein Kollege, sondern ein sehr lieber Bruder. Er brennt für das, was er tut. Er glaubt an Teamwork. Wir begegneten uns bei Caritas Freetown und nun ist er beruflich sogar in einer höheren Position als ich, aber er ist immer noch sehr bescheiden und wir beide beraten uns gegenseitig, obwohl wir durchaus unsere individuellen Differenzen haben. Wir unterstützen uns gegenseitig bei unseren Aufgaben.

Musa Kamara, Journalist – Sierra Leone News Agency (SLENA):

Das erste Mal, dass Isheal Alfred Charles und ich uns trafen, war bei einer seiner Kampagnen, die Leben von Kindern zu retten. Er ist ein sehr bescheidener Mensch und nimmt sich immer Zeit für Menschen. Er stellt sich zur Verfügung, wann immer die Medien ihn aufsuchen, um Aspekte zur Gesundheit und anderen sozialen Themen zu diskutieren. Ich betrachte ihn als einen der humanitären Patrioten von Sierra Leone.

Kurzbiografie des Autors

Ishmeal Alfred Charles ist mehr als ein Überlebender des langen und brutalen Bürgerkriegs in Sierra Leone. Entführt von den Rebellen im Alter von 9 Jahren, erlebte er unvorstellbare Grausamkeiten. Trotz seiner schrecklichen Kriegserfahrungen wurde Charles Persönlichkeit nicht besiegt, stattdessen wurde sie dazu inspiriert, „jemand zu sein, der seiner Gemeinschaft und seiner Nation hilft, anstatt sie zu zerstören".

Charles begann seine Karriere im Dienst für die Menschheit, indem er für das Network Movement for Justice and Development im Programm für wirtschaftliche Gerechtigkeit arbeitete, fokussiert auf die Kampagne für „gerechten Bergbau", später dann im Rahmen des Youth Empowerment Program im Mano River Basin.

Danach wechselte er zum Center for Coordination of Youth Activities, wo er als leitender Programmassistent mit Schwerpunkt Engagement und Teilhabe von Jugendlichen arbeitete. Charles setzte sich für die Überarbeitung der nationalen Jugendpolitik aus dem Jahr 2006 ein, indem er als entscheidende Stimme in der Initiative zur Stärkung der Jugend fungierte und 2008 am Young Leaders Summit in Oslo, Norwegen, teilnahm, um den Young Leaders Fund for HIV zu gründen.

Während seiner Tätigkeit für das Network Movement for Justice and Development und das Center for Coordination of Youth Activities setzte Ishmael A. Charles sich engagiert für konstruktives Engagement und Teilhabe junger Menschen an Entscheidungsprozessen ein und war zudem Jugendvertreter der Zivilgesellschaft im ENCISS Programm-Vorstand. Zusätzlich stand er dem Programm „Out of School Youth Initiative" der Kommission der weiblichen Flüchtlinge beratend zur Seite.

Gegenwärtig ist Charles der Inlands-Programm-manager für Healey International Relief Foundation in Sierra Leone und arbeitet zugleich für Caritas Freetown, wo er ebenso als Programmmanager tätig ist. Er verwaltet und überwacht also die Programme sowohl für Healey als auch für Caritas Freetown.

Charles besuchte die St. Edward's Grundschule und anschließend die Prince of Wales School. Danach setzte Charles seine Ausbildung am Fourah Bay College der Universität von Sierra Leone fort, wo er Friedens- und Konfliktstudien studierte. Abschließend erwarb er ein Diplom in "internationale humanitäre Angelegenheiten" an der Fordham Universität in New York, USA.

Während des Ebola-Ausbruchs in Westafrika im Jahr 2014 wurde Charles vom US-Senat eingeladen, vor der US-Presse über die Schwere der Krankheit, ihre Auswirkungen und die Herausforderungen bei der Bekämpfung in Sierra Leone zu berichten – gemeinsam mit dem Geschäftsführer der Caritas Freetown, Pater Peter Konteh.

Die leidenschaftlichen Aussagen von Charles beschleunigten die Entscheidung des US-Senats, das US Center for Disease Control (CDC) in die drei von Ebola betroffenen afrikanischen Länder zu entsenden.

Als unsere Nachbarn in der Region Freetown 2017 von einer doppelten Katastrophe – einer Schlammlawine und einer Sturzflut – heimgesucht wurden, leitete Ishmeal Alfred Charles die humanitären Bemühungen von Caritas Freetown und deren Partnern und koordinierte zudem die medizinische Unterstützung sowie die Verteilung von Kleidung, sonstigen wichtigen

Dingen und Überlebenden. Unter seiner Leitung stellte Caritas Freetown auch täglich gekochtes Essen für die Überlebenden in den provisorischen Lagern. In der Zeit nach der Katastrophe koordinierte Charles die Verteilung von Reis an mehr als 3.000 Familien auf dem Gelände von St. Edward's in Kingtom.

Charles hat mit seinem selbstlosen Einsatz für die Unterprivilegierten zahlreiche Menschen in Sierra Leone inspiriert, sowohl junge als auch alte. Er gilt wohl als eine nachahmenswerte Person, die auf ihre eigene Art sehr einflussreich ist.

Der Geist der Bescheidenheit und Selbstlosigkeit, den er an den Tag legt, während er seine Aufgaben mit Leidenschaft ausführt, macht ihn zu einer einflussreichen und dienenden Führungskraft zugleich. Er legt überall selbst Hand an, wenn es nötig ist.

Obwohl er Manager eines großen Mitarbeiterstabs ist, geht Charles immer mit gutem Beispiel voran, selbst wenn er zum Wohle anderer Dinge auf dem Kopf tragen muss. Sein dienender Führungsstil inspiriert seine Mitarbeiter und andere, die seine humanitäre Arbeit in den sozialen Medien, im Fernsehen und im Radio verfolgen. Er motiviert andere dazu, „der Menschheit mit Würde und Leidenschaft zu dienen".

Im Januar 2018 startete er eine neue Kampagne für kranke Kinder, um Geld für medizinischen Ausgaben zu sammeln. Er geht über die Spendenaktion hinaus, indem er die Kinder bei ihren medizinischen Eingriffen begleitet und die der Genesung überwacht. Man kann sich an Baby Mustapha erinnern. Charles setzt sich derzeit für zwei weitere kranke Kinder ein, Baby Mariama und Baby Marian, die 10.000 USD bzw. 27.100 USD für die zum Leben notwendige medizinische Versorgung benötigen. Bisher hat er Geldmittel gesammelt, um mehr als 40 Kinder zu retten, und sie in ein

Krankenhaus in Indien schickte. Charles ist beispielhaft und viele bewundern seine bescheidene Art.

In Anerkennung seines selbstlosen Dienstes für sein Land und sein Volk wurde Ishmeal Alfred Charles im Juni 2018 als einer der 50 einflussreichsten jungen Sierra Leoneaner ausgezeichnet. Er ist entschlossen, sich weiterhin mit Mitgefühl und Würde für die Unterprivilegierten einzusetzen.

Anfang Oktober 2018 wurde er als Kinderbeauftragter des Jahres ausgezeichnet. Charles setzt sich unermüdlich für die Menschheit ein und geht dabei über das Verständnis vieler Menschen hinaus, um die wachsenden Bedürfnisse von gefährdeten Personen zu treffen. Er hat gemeinsam mit seinem Team auf den Straßen von Freetown um Spenden geworben für Kinder in kritischem Gesundheitszustand.

Im März 2019 wurde er von des westafrikanischen Jugendbundes ausgezeichnet als Menschenfreund des Jahres und im gleichen Jahr hat Charles mehr als zehn weitere nationale Auszeichnungen erhalten.

2022 wurde Ismeal Alfred Charles für den African Genius Award nominiert.

Sick Pikin Project

Das Sick Pikin Project wurde ins Leben gerufen, um das Leben armer kranker Kinder in Sierra Leone zu retten, deren Familien sich die Kosten für größere und komplizierte Operationen ihrer Kinder im Ausland nicht leisten können.

www.sickpikin.org

Ihre Spende kommt direkt den Kindern zugute:

Sick Baby's Donation Account, Zenith Bank SL Ltd.
IBAN: GB64 ZEIB 4062 4700 0189 71
BIC: ZESLSLFR

Inhalt

Bescheidene Anfänge   8
Die Flut steigt   24
Die Aussichten verdüstern sich   30
Bildung für Veränderung   54
Den Herausforderungen des Lebens standhalten   60
Narben in Sterne verwandeln   66
Auf Geheiß eines Anrufs   76
Menschlich sein in der Menschheit   84
Ein neuer Morgen bricht an   94
Lektionen des Lebens   102

   Die Anziehungskraft der Schwerkraft   103
   Konzentriere dich auf den Höhepunkt   104
   Selbstdisziplin   107
   Physische Grenzen   109
   Nutze deine Talente   110
   Wahlmöglichkeiten und Entscheidungen   112
   Treffe kalkulierte und weise Entscheidungen   114
   Vermeide stille Killer   120
   Vermeide Doppelmoral   122
   Das Spiel mit der Schuld – Warum ich?   123
   Melde dich an in der Schule der Irrtümer   124
   Angst vor dem Scheitern   126
   Drei einfache Tatsachen über das Scheitern   128
     Jedermann scheitert   *128*
     Niemand genießt das Scheitern   *128*
     Die Reaktionen auf das Scheitern sind
     unterschiedlich   *128*
     Kein Raum für Selbstgefälligkeit   *128*
   Nutze entstehende Innovationen   131
   Verlust des Zieles – (Warum bin ich hier ...?)   132
   Lebe nicht, um jemandem zu gefallen   133
   Laufe nicht im Hamsterrad   134

Lerne dein wahres Selbst kennen   136
Treffe dein wahres Ich!   136
Lass die Begeisterung deiner Kindheit wieder
aufleben   136
Gib etwas zurück   136
Entzünde deine Träume und halte die Flamme am
Brennen   137
Ehre Gott mit deinem Leben   137
Glaube an Gott   137
Widmung   **140**
Danksagung   **141**
Was meine Kollegen und Freunde sagen   **143**
Kurzbiografie des Autors   **145**
Sick Pikin Project   **149**